이 책을 사랑하는 나의 엄마에게 바칩니다.

엄마는
행복했을까

들어가며

엄마는 행복했을까?

엄마 곁을 떠난 지 20년 만에 다시 엄마 곁으로 돌아와 엄마, 아빠와 함께했던 지난 5년, 엄마를 모시고 병원을 오가며, 부모님과 같이 식사하며, 나들이를 가며 부모님과 함께한 시간은 분명 행복했다. 그러면서 엄마의 삶을 들여다보았다.

"엄마는 행복했을까?"

그 질문을 엄마에게도 했고 나에게도 했다.

종갓집 맏며느리로, 한 남자의 아내로, 오 남매의 엄마로, 홀로 되신 엄마의 엄마를 돌보시며 너무나도 치열하게 살아오신 엄마, 너무나도 외로웠을 엄마, 그 누가 알아주지 않아도 엄마 삶을 살아오신 엄마.

엄마의 삶을 쓰면서 많이 울었다. 운 이유는 모르겠다. 그냥 눈물이 흘렀다. 그것도 하염없이 흘렀다.

며칠 전 요양원에서 뵌 엄마는 환하게 웃어 주시며 말없이 내 손을 꼭 잡아 주셨다. 눈으로 말씀하셨고 난 그 눈으로 무슨 말씀을 하고 싶으신지 알고 있다.

그제 요양원에서 뵌 엄마는 주무시고 계셨다. 그 모습이 정말 평온해 보였다.

   나로 인해 너무 아파하신 엄마, 지금 누워계신 그 이유 중 하나가 나 때문임을 알기에 내 마음은 이내 애틋하고 아득해진다.

   엄마와 함께할 시간이 많지 않음을 느낀다. 엄마의 이야기를 하고 싶었다.

   더 늦기 전에 더 잃기 전에.

2025년 7월

차례

5· 들어가며

1 / 엄마의 자서전 희망

15· 엄마, 85번째 생일 축하해
18· 남형아, 엄마 보고 싶다
22· 엄마와 엄마 딸
27· 이모 가족의 끔찍한 엄마 사랑
30· 행복의 조건
32· 종갓집 맏며느리
34· 오빠, 엄마랑 유튜브 해봐
37· 카네이션과 편지
40· 엄마의 도련님
43· 아빠와 둘이 식사하며
46· 마을 어르신들에게 카네이션을 달아 드리며
49· 대나무가 갈대보다 크게 자라는 이유는
52· 추억과 사랑의 깊이는 정비례
55· 엄마의 이력서(履歷書)

60· 그래, 그래 둘째 아들이나

63· 간절했지만 만족하셨다

2 / **다 사랑이었네** 추억

71· 자상하신 아빠, 억척스러운 엄마

74· 감자와 고구마

77· 엄마가 좋아했던 것들

79· 엄마의 계절

81· 식구(食口) 단상(斷想)

84· 빨간색 라디오

87· 엄마, 나, 길에서 주워왔어

89· 이불을 개지 않았던 이유

92· 혼잣말

94· 나 30분, 아빠 1시간, 엄마 8시간

98· 엄마의 고향, 아빠의 고향

101· 현대슈퍼와 부흥슈퍼

104· 의사와도 정겹게 대화

108· 옷 색깔

111· 기록물 보관소

114· 사진첩을 보고

118· 한 손에는 내 손을, 한 손에는 장대를

122· 머리에 이고, 등에 업고

126· 엄마와 함께한 추억들

133· 강릉시 남문동 125번지

136· 감자전과 감자떡

139· 무서운 밤

3 / **아주 오래된 흔적** 아픔

145· 엄마 얼굴이 하얘지는 이유

147· 부엌에서 혼자 식사하신 엄마

149· 모정의 세월, 고향역, 전선야곡

152· 여보, 나 하늘나라 가면 꼭 안아줘요

156· 엄마가 누워 계셨던 침대에 누워

160· 억울해서 울지 않는 것

163· 인제 그만 죽고 싶다

166· 휠체어를 끌며

169· 아빠의 딸이 되신 엄마

172· 엄마를 기다렸어

175· 고속버스에서 눈물을 흘렸던 날

178· 희망과 절망 사이

183· 분리불안과 집착

187· 경찰 지구대에서 아들을 데려오던 날

192· 강아지를 보내고 우시던 엄마

196· 엄마의 엄마

4 / 행복은 멀리 있지 않아 후회

203· 머리에서 가슴, 다시 팔, 다리로 떠나는 여행

206· 웰다잉(Well-dying), 죽음을 성찰하며

209· 나의 아들, 딸에게

211· 나의 아픔을 엄마에게 이야기할 것을

214· 대문이 열려 있는 집

217· 일기를 쓰며, 엄마를 떠올리며

220· 시간이 충분할 거라고 착각하고 살았어

224· 숙제만 하신 삶

227· 엄마들이 남긴 한마디

232· 55번째 내 생일날

236· 엄마에게 보낸 편지

239· 엄마의 후회

5 / 눈부신 이별을 위하여 다시 희망

245· 놀다 보니 엄마 생각났구나

248· 그 얼굴에 햇살을

250· 병원을 나서며

255· 선생님, 남은 생 덤으로 사세요

258· 나는 다 찍어 주었어

261· 엄마는 행복했을까?

265· 엄마 집으로 가고 싶으시죠

268· 기다림을 배웠습니다

272· 눈이 부시게

276· 좋은 이별

279· 이름대로 살아라

282· 다시 희망

286· 나가며

1 / 엄마의 자서전

희망

엄마, 85번째 생일 축하해

엄마, 엄마는 늘 나보고 내 아들로 태어나 주어서 고맙다고 했지?

나도 고마워, 엄마가 내 엄마라서···.

엄마, 내가 요즘 잠시 태안 안면도에 와 있어. 오늘은 멀리 있는 이곳 안면도에서 아파 누워있는 엄마 생각을 했어. 그리고, 엄마 계신 곳을 바라보고 기도했어. 엄마 아프지 않게 오래오래 제 곁에 있게 해 달라고···.

다음 주가 엄마 85번째 생일이야. 엄마 알고 있어? 엄마 자식들 오 남매가 오늘 카톡을 했어. 엄마 생일에 어떻게 할 것인지 엄마 생일, 아빠 생일, 명절, 제사 이렇게는 우리 가족 모두 모여야지.

언제부터인가 내 생일날 생일 축하 전화가 없는 엄마를 떠올려 보았어. 그리고, 지난 명절에 엄마 방에 걸려 있는 달력을 보았는데 그 달력에 내 생일을 포함해 그 어떤 기일도 표기되어 있지 않았어.

예전 달력에는 삐뚤삐뚤한 글씨로 내 생일날 '둘째 아들 생일'이라고 적혀 있었고, 나는 그 달력을 볼 때마다 웃곤 했지. 엄마는 그 달력을 보고 아침 일찍 "아들아 생일 축하해. 고맙다."라는 전화를 했었지.

이제 몸을 움직이는 것조차 힘이 든 엄마에게, 치매로 그제도 보고 어제도 보았는데 "둘째 아들 오랜만에 본다."라고 말씀하시는 엄마에게 내 생일을 기억해 전화 주시는 것을 바라는 것은 내 욕심이겠지.

엄마가 하늘나라 가시면 엄마와의 기억이 사라질까 봐 엄마와의 추억을 끄집어내 엄마 자서전을 썼어. 자서전을 쓰면서 가장 궁금했던 것이 있었어.

"엄마는 행복했을까?"

엄마가 행복했는지도 모르고 있는 아들, 그런 나를 보며 웃음이 나오곤 했어.

엄마는 처음부터 엄마가 아니었잖아. 엄마에게도 꿈이 있었을 텐데…. 이제 생을 정리해야 하는 엄마는 삶에 후회는 없을까? 엄마 자서전을 쓰는 내내 그 생각을 했어.

55년 엄마의 아들로 살아온 나, 55년 나의 엄마로 살아오신 엄마의 삶을 떠올리며 웃고, 울고, 그러면서 행복했어.

우리 가족 모두 모여 엄마 자서전 출간 기념회를 하려고 해. 엄마 생에 단 한 번이라도 엄마가 주인공인 그런 시간을 만들어 드리고 싶어.

나의 기억 속에 또렷하게 또 희미하게 남아 있는 엄마의 이야기를 꺼내보려 해.

엄마, 85번째 생일 미리 축하해.

남형아, 엄마 보고 싶다

초등학교 동창 6명과 계 모임 하던 날, 엄마와 함께 병원에 다녀오다 조금 늦게 도착했다.

"남형아, 어머니 좀 어떠셔?"

"그럭저럭하셔, 이가 없어 드시지 못하고, 거동을 못 하시니 안 좋아."

"나도 돌아가신 엄마 보고 싶다."

나의 이야기를 듣고 있던 친구 종근이가 갑자기 나를 부러운 눈빛으로 쳐다본다. 나의 초등학교 동창이자 모임을 하는 친구 6명은 자주 만난다. 모이면 부모님 이야기가 나온다. 부모님 모두 살아계신 사람은 나밖에 없다. 부모님 모두 돌아가신 친구가 3명, 어머님만 살아계신 친구가 2명이다. 내 친구들은 모두 효자다.

지금도 90이 넘으신 엄마를 모시고 사는 경훈이, 고향에 홀로 계신 어머님을 매주 뵈러 가는 동철이는 말하곤 한다.

"남형아, 엄마에게 잘해드려야 하는데 늘 마음뿐이다."

98세에 소천한 어머님을 극진히 모신 친구 인표는 어머님을 공원묘원에 모시는 날 어머님 영정에 술을 따라 드리며

"엄마, 날 위해 최선을 다했지, 나도 엄마를 위해 최선을 다했어. 이제 꿈에서 만나. 내 꿈속에 자주 찾아와 엄마."

그 말이 그렇게 애틋하고 다정하게 들렸다. 인표는 엄마를 정말 극진히 모셨다. 종근이와 동호도 부모님을 모시고 살았다. 효자다. 부모님이 돌아가시는 날

"남형아, 너는 부모님 모두 살아계시지? 살아계실 때

잘해드려, 돌아가시면 많이 후회되더라."

친구 현석이는 부모님을 뵈러 부산에서 강릉으로 한 달에 두 번이나 온다. 올 때마다 부모님이 좋아하시는 생선을 바리바리 싸 온다. 그리고 부모님을 위해 음식 솜씨를 발휘한다. 현석이 부모님의 환한 웃음을 뵐 때마다 '내가 아들 하나는 잘 뒀지'라는 생각을 하시는 것 같다.

깊고 깊은 산속에 아버님 묘가 있는 친구 태원이는 힘이 들고 아플 때 아버님 산소^{山所}에 간다. 돌아가신 아버님과 대화를 나누면 마음이 평온해진다고 한다. 아버님을 뵙고 그날 바로 멀리 대전에 계신 어머님도 뵈러 간다. 산소에서 뵙고 온 아버님의 안부를 어머님께 전하며 살아갈 힘을 낸다.

강릉시청에 근무하는 후배 최 과장은 두메산골에 홀로 계신 어머님을 위해 그 지역의 면사무소 근무를 자원했다. 40분이 넘는 출퇴근 거리지만 매일 아침과 저녁으로 어머님을 찾아뵙고 식사를 같이한다. 시골집 마루에 앉아 엄마랑 다정하게 이야기 나누는 것이 마치 그림 같다. 아마, 최 과장 어머님은 아들과 저녁 식사를 같이하는 시간을 기다리고 또 가장 행복하셨을 것이다.

효자라고 다 성공하는 것은 아니지만 잘사는 사람, 성공한 사람들은 대체로 효자였다.

사랑하는 나의 친구들에게 전한다.

"너희들은 무조건 잘 살 거야. 내가 아프고 힘들 때 너희들이 나 도와준 것 엄마가 다 알고 계셔. 엄마가 너희들을 위해 기도 하신데. 그리고, 너희들 효자야. 하늘에 계신 너희 어머님, 아버님이 늘 지켜봐 주시고 응원하실 거야. 너희들은 잘 살 수밖에 없어."

효덕근본孝德根本, 효는 모든 덕의 근본이라고 증자가 말하였다. 나도 동의한다.

엄마와 엄마 딸

"남형아, 오늘 엄마 집에 갔는데 엄마는 나만 보면 이년 저년 하시면서 불평불만을 따발총처럼 쏟아 내, 잔소리 대마왕이고 두유도 싼 것 사 왔다고 막 뭐라 하는 것 있지? 어휴, 엄마는 내가 만만한가 봐."

누나의 이야기를 듣고 있으면 웃음이 퍼진다. 나는 안다. 엄마가 누나를 얼마나 편하게 생각하고 좋아하는지.

엄마는 큰형을 제일 좋아한다. 맏이니 당연하리라. 큰

형은 공부도 잘했고, 단 한 번도 부모님의 뜻을 어긴 적이 없다. 한마디로 모범생이다. 형수님도 시부모님을 끔찍이도 모신다.

엄마가 제일 편하게 생각하는 사람은 엄마 딸인 누나다. 세상의 모든 엄마는 딸이 제일 편하다고 한다. 우리 엄마도 딸이 제일 편한 것 같다.

올해 환갑인 누나는 공부를 잘했지만, 집안 형편으로 지방의 국립대학을 나와 오랫동안 학원을 했다. 대학교 다닐 때 늘 장학금을 받아 부모님이 등록금 걱정을 하지 않았다. 수학을 잘했던 누나는 보습학원을 했는데 학원 운영이 잘 되어 아버지 봉급보다 훨씬 많은 수입을 올렸다.

누나는 우리 집의 버팀목이었다. 나 고등학교 시절 부모님보다 누나에게 용돈 받는 것이 더 쉬웠다. 누나는 혼자되신 할아버지를 모시고 다니면서 좋고 맛난 음식도 자주 사드렸다. 그런 딸이 엄마 눈에는 얼마나 예뻤을까?

지금도 누나 결혼식을 끝내고 집에 돌아와 누나 방문

을 열고 한참이나 서 있던 엄마 모습을 기억한다. 세상에서 엄마랑 가장 친한 친구가 집을 떠난 것이다. 엄마는 허전한 것 같았다. 며칠 동안 엄마는 말이 없으셨다.

 엄마가 없을 때 누나는 동생들의 도시락을 챙겼고, 할아버지를 살뜰히 보살폈다. 누나는 나에게 또 다른 엄마였고, 엄마는 그런 딸을 얼마나 믿고 의지했을까?

 엄마는 농사일로 늘 피곤하셨고, 그 피곤함으로 주무실 때 잠꼬대하시곤 하셨다. 그 잠꼬대에 가장 많이 나오는 것이 누나 이름이었다. 꿈에서도 엄마 딸하고 노는 것을 좋아하신 것 같다.

 누나가 시집을 가고 난 후 한동안 집이 텅 빈 것 같았다. 나도 그랬는데 늘 누나를 믿고 의지한 엄마는 얼마나 허전했을까? 그때 문득, 오 남매 중 딸이 둘이었으면 좋았을 걸…. 하는 생각을 한 적도 있다.

 엄마가 몸져누워 있을 때 엄마의 건강을 가장 걱정하는 사람은 곁에 계신 아버지, 누나, 이모였다. 나도, 형도, 동생들도 엄마 걱정을 많이 했지만 마음뿐이다.

 엄마에게는 친구가 없다. 초등학교를 졸업하고 아버

지를 도와 농사일을 하셨기에 친구를 사귈 수 없었다. 엄마가 친구를 만나러 가시는 것을 본 적이 없다. 많이 외로우셨을 엄마. 엄마에게 친구는 딱 두 사람이었다.

 딸과 여동생.

 엄마가 이따금 나에게 하신 말씀을 기억한다. "남형아, 누나 같은 사람이 없다. 누나가 막내동생 업어주며 나 대신 키워줬다. 누나에게 잘해라."

 명절에 누나는 매형과 조카들을 데리고 엄마 집을 찾는다. 엄마는 엄마 딸에게 "이거 해 와라, 저거 만들어 와라, 이것은 왜 맛이 없냐? 네가 사 온 과일은 단맛이 덜하다. 싼 것을 사 와서 그런 것 아니냐, 비싼 것 사 와라." 옆에 있는 나와 매형은 계속 웃는다.

 엄마는 그동안 입속에 저장해 놓고 참아 왔던 말들을 쏟아 내신다. 누나는 그 말을 다 받아 준다. 엄마가 몸져눕기 전에는 누나가 엄마 집에서 자고 가는 날은 그 이야기가 밤새도록 이어졌다. 그것이 사랑임을 안다.

 이제 엄마는 엄마 딸에게 말을 쏟아 낼 기력이 없으시다. 엄마는 엄마 딸에게 그동안 내 푸념을 들어주느라 얼마나 고마웠는지 눈빛으로 이야기하신다. 아주 오래전 친구처럼.

    엄마는 엄마 딸로 행복했을 것이다. 누나는 엄마로 행복했을 것이다.

이모 가족의 끔찍한 엄마 사랑

"이모, 엄마를 위해 뭘 이렇게 또 보내셨어요?"

"남형아, 너 엄마 덕분에 나와 외삼촌은 편하게 공부했다. 너 엄마만 생각하면 늘 미안하고 고마워."

지금 엄마가 입고 있는 옷은 죄다 이모가 선물로 보내주신 것이다. 한여름에도 늘 쓰고 계신 예쁜 모자는 엄마를 10년 젊게 만들어 주신다. 그것 역시 이모가 보내주신 것이다. 이모와 엄마의 옷 취향은 비슷하다. 꽃무늬가 들어간 밝은 옷을 좋아하신다. 옷을 보내신 지

10년은 되었고, 엄마가 아프신 이후로 5년 동안 반찬도 자주 보내주신다.

"엄마, 새 옷이네? 이쁘다. 또 이모가 보냈어요?"

"응, 너 이모가 서울에서 보내줬다. 그저 고맙구나."

세상에서 나만큼 나의 엄마를 사랑하는 사람이 나의 이모다. 엄마의 치열했던 삶을 존경하고 애틋하게 생각하는 사람도 나의 이모다. 이모의 딸들인 이종사촌들도 이모인 나의 엄마를 지극히도 좋아한다. 식품 회사에 다니는 사촌 수경이는 몸에 좋은 것만 골라 한 박스씩 보내온다. 부모님 곁에 붙어사는 나는 이종사촌 덕분에 몸에 좋은 것 먹고 같이 건강해진다.

얼마 전 이모와 이종사촌들이 요양원에 계신 엄마를 보러 왔다. 외조부모님 성묘를 하고, 엄마 고향집에도 들렀다. 이모는 고향집 앞 논을 바라보며,

"남형아, 너 엄마는 저 논에서 죽으라고 일만 했다. 덕분에 나와 너 외삼촌은 편하게 지냈다. 너 엄마 단 하루라도 고단하지 않은 날이 없었을 게다. 그렇게 우리를 뒷바라지했어도 무엇하나 바라지 않았고, 또 원망하지

않았단다. 너 엄마에게 너무 미안하단다."

서울로 돌아가는 길에 이종사촌들이 엄마에게 용돈을 주었다. 적은 돈이 아니었다. 고맙다는 나의 말에

"오빠, 이모 얼마나 고생했는지 우리는 다 알아. 외할머니, 외할아버지 잘 모셔준 덕분에 우리 엄마가 편하게 생활한 것도 알아. 아주 힘드셨을 텐데 늘 웃음을 잃지 않으신 이모 너무 멋져. 이모, 이모부 남은 생 행복했으면 좋겠어."

엄마와 이모가 통화하는 것을 듣고 있으면 웃음이 난다.

"아이고 야야라, 달부 어엽다 어여워 종길아 뭘 또 보냈나. 옷이 대체 몇 벌이냐? 비싸 보이던데, 네가 뭔 돈이 있다고…. 매번 고맙다. 고마워."

그 대화 속에 자매간의 사랑이 넘쳐난다. 오늘도 요양원에 누워계신 엄마는 이모가 사주신 화사한 옷을 입고 밝게 웃고 계신다.

"이모 고마워요. 수경아, 현경아, 옥경아 고마워. 엄마는 이모와 너희들을 자랑스러워하셔. 그 마음 잊지 않을게."

행복의 조건

감사함이 많은 삶이 진정으로 행복한 삶이라고 한다.

엄마는 모든 것에 고맙고 감사해하셨다.

주일 예배를 드리며 늘 나는 하나님과 부모님께 감사하다는 말씀을 드린다.

특히, 부모님에게 받은 사랑과 그 받은 사랑을 나의 아이들에게 줄 수 있음에 감사한다.

오늘도 엄마의 해맑은 웃음을 본다.

85년을 사시면서 늘 같은 웃음을 보여 주셨다.

그 웃음은 진심 어린 감사에서 나옴을 안다.

"남형아, 잘 자라주어서 고맙구나."

"남형아, 내 아들로 태어나 주어서 고맙구나."

"남형아, 그 아픔 다 이겨내 주어서 고맙구나."

"고맙구나.", "고맙구나.", "고맙구나."

모든 것에 고마워하신 엄마는 진정으로 행복한 분이다.

종갓집 맏며느리

시부모님, 도련님을 모시고 살았던 세월.

8번의 제사와 2번의 명절, 한식, 동지까지 준비했던 그 손길.

제사 때마다, 성묘 때마다 '다 조상 덕'이라고 말하셨던 그 후덕함.

편찮으신 시아버님을 지극정성으로 모신 그 마음.

엄마를 위해 8번의 제사를 4번으로, 4번의 제사를 한 번으로 바꾸는 것에 가장 반대하셨던 엄마.

바빠 제사 때 참석하지 못한 가족들을 위해 늘 기도하셨던 엄마.

코로나 때 명절 차례를 하지 않고 성묘 가는 것을 아쉬워한 엄마.

성묘 가시면 가장 먼저 조상들의 묘를 정리하신 엄마.

지금도, 내 증조모님의 인자하심을 이야기하시는 엄마.

시집오셨을 때 대가족이 서로 아끼고 나누며 살았던 추억을 그리워하시는 엄마.

종손인 아빠의 그 책임감을 모두 이해해 주신 엄마.

엄마는 종갓집 맏며느리였다. 그 역할을 너무도 잘 감당해 주셨다.

덕분에 종갓집 모두는 행복했다.

오빠, 엄마랑 유튜브 해봐

 늘 신나고 재밌는 이종사촌인 수경이가 신랑과 함께 요양원에 계신 엄마에게 다녀 가면서 나에게 전화했다.
"오빠, 엄마랑 유튜브 해봐? 대박 날 거야."
나는 무슨 뜬금없다는 말투로
"야, 무슨 내용으로 하니? 누가 본다고?"
"아냐, 오빠 이모의 연기력 몰라? 나 오늘 이모 뵈었잖아, 연기력 죽여."
"엄마가 너에게 무슨 말씀하셨는데?"

"알잖아, 오빠, 이모 삶에 대한 그 레퍼토리 오늘도 나에게 들려주셨어, 엄지척하면서 노래도 곁들이면서."

나는 이종사촌 동생이 말할 때 엄마의 모습이 떠올랐다.

"남형아, 마누라한테 잘해라, 아이들 잘 챙겨라, 남의 것은 아예 쳐다도 보지 말고, 네가 한 만큼만 가져라, 그 누구를 미워하지 말고, 아무도 마음 아프게 해서는 안 된다. 널 아프고 힘들게 한 사람도 용서하고, 그 누구와도 싸우지 말고, 주어진 일을 열심히 해라. 그리고 아프지 말고 건강해라…."

나를 보시면 비디오 리플레이하듯이 하시는 그 말씀을 나의 이종사촌 동생에게 해 주셨을 것이다. '우리 아들 최고다.'라며 엄지척하면서, 이따금 노래도 섞어가며 그것도 구수한 강원도 사투리로

"오빠, 이모의 웃음 알지 보기만 해도 기분 좋아지는 그 미소?"

"알지, 나도 엄마 웃음만 보면 즐거워."

"오빠, 이모의 그 웃음과 그 멘트 유튜브로 나가면 대

박이야. 오빠랑 강원도 사투리로 늘 이야기하던 대로 찍어서 올려봐, 조회수 백만은 기본이야."

 이종사촌과 전화를 끊고 엄마 모습이 떠올라 혼자 한참이나 웃었다. 늘 나에게 말씀하시는 삶에 대한 그 레퍼토리, 영상으로 촬영하여 유튜브에는 올리지 못하더라도 나 혼자 소중히 간직해야겠다. 엄마와 이별하면 분명 엄마의 그 레퍼토리가 그리울 것이다. 아니, 엄마의 그 레퍼토리처럼 살아야 한다.

 "엄마, 나에게 천 번은 더 했을 엄마의 그 레퍼토리 얼마나 멋진 지 알지? 이제 엄마의 그 말씀처럼 살아갈게요."

카네이션과 편지

 2025년 올해 어버이날 카네이션을 사며 엄마에게 편지를 썼다. 참으로 오랜만에 엄마에게 쓰는 편지였다. 매일 친필로 일기를 쓰고, 친구들에게 펜을 잡고 편지 쓰는 것을 좋아하지만 그동안 엄마에게 편지를 쓰지 못했다. 엄마에게 편지를 쓰는 내내 행복했다.

 어버이날 아침 본가에 들러 아빠에게 카네이션과 용돈을 드렸다. 아빠는 늘 웃으시며 말씀하신다.

 "아들아, 고맙구나."

요즘 아빠가 나에게 가장 많이 하시는 말이 "밥 먹으러 와." 그리고 "고맙다."라는 말이다.

"엄마와 같이 병원에 같이 가 주어서 고맙구나."

"빵과 과일을 사 주어서 고맙구나."

"너도 애들 키우느라 돈이 없을 텐데 용돈을 주니 고맙다."

"힘들 텐데 흔들리지 않고 잘 살아 주어서 고맙구나."

아빠랑 하루에 2번은 반드시 통화를 한다. 대부분 아빠가 전화를 주신다. 아빠의 베아트리체 엄마가 요양원으로 가시고 혼자 남겨진 아빠의 적적함을 이해할 수 있을 것 같다.

엄마를 보러 요양원으로 향하며 노래를 부른다. 내가 좋아하는 '고향역', '모정의 세월', '전선야곡'을 들으며….

엄마는 '어버이날'인지 모르시는 것 같았다. 나를 보자마자

"둘째 왔나, 바쁜데 뭣 하러 왔냐? 고맙다."

나는 카네이션과 편지를 엄마의 머리맡에 두면서

"엄마, 오늘 어버이날이야. 꽃 예쁘지? 편지도 썼어. 나중에 읽어봐."

엄마는 내 손을 꼭 잡으며 늘 말씀하시던 그 레퍼토리를 또 말하신다. 이번에는 아무 군소리 없이 그 레퍼토리를 들었다.

엄마는 카네이션과 편지로 행복해하셨다. 엄마는 늘 내가 쓴 편지를 읽는 것을 좋아하셨다. 나는 엄마에게 그렇게 연애편지를 썼다. 내 마음 담아….

엄마의 도련님

"남형아, 네 엄마는 정말 훌륭하신 분이다. 맏며느리로 시집오셔서 시부모님 잘 모시고, 집안일, 농사일도 도맡아 하시고, 너희 오 남매 잘 키워 내셨고, 나를 비롯해 네 삼촌들에게도 참 잘하셨다."

막내 삼촌이 이따금 나에게 들려주시는 말씀이다.

"네 숙모들도 맏며느리인 엄마를 좋아하고 잘 따랐다. 아마, 맏며느리로 늘 희생하고 사셨기 때문일 거다."

나는 삼촌이 3분이다. 엄마에게는 도련님이다. 아버

지가 장손이고 맏이라 엄마는 시집오실 때부터 대가족을 챙기셨다.

"남형아, 엄마가 시집오셨을 때 내가 중학생이었다. 엄마가 늘 도시락을 싸주셨지. 지금도 큰형수님이 싸준 도시락을 기억한다."

엄마는 삼촌들을 좋아하셨고, 늘 인정하셨다. 나도 나의 삼촌들을 인정한다. 어려운 가정에서도 다들 반듯하게 자라 주신 삼촌들이 멋있었다. 특히나 살아계신 사람 중 내가 가장 존경하는 사람이 엄마와 막내삼촌이다.

"내가 시집왔을 때 아버지 형제들은 우애가 남달랐다. 내가 네 아빠에게 시집온 이유 중 하나다. 시집와 60년을 살면서 네 아빠 형제들이 다투는 것을 단 한 번도 본 적이 없다. 네 삼촌들과 숙모 모두 맏며느리인 나를 인정해 주었다. 나는 행복했다."

3년 전 첫째 삼촌이 돌아가셨다. 삼촌 제사를 다녀오는 나에게 엄마는

"돌아가신 네 삼촌이 보고 싶다. 인품도 좋으시고 가

족을 위해 늘 희생하신 분이라 하늘나라 좋은 곳으로 가셨을 게다. 내가 제사에 가 봐야 하는데…."

엄마는 엄마의 도련님들을, 엄마의 도련님들은 형수님인 엄마를 존중하고 인정해 주셨다. 엄마는 엄마의 도련님들로 행복했을 것이다.

아빠와 둘이 식사하며

지난 3월 엄마를 그렇게도 가기 싫어하셨던 요양원으로 모셨다. 엄마가 요양원으로 가시고 아빠가 집에 홀로 남겨졌다. 늘 엄마와 함께하셨던 아빠는 홀아비 아닌 홀아비가 된 것이다. 막내 동생이 일로 평창으로 가게 되어 아빠는 집에 늘 혼자 계셨다. 아빠는 늘 적적해 보이셨다.

홀로 된 아빠가 가장 힘들어하신 것이 혼자 식사를 하는 것이다. 그래서 매일 아침이면 나에게 전화를 하신다. "아들아, 밥 먹으러 집에 와." 그런데 나는 그 말씀이 "나 혼자 밥 먹기 싫으니, 집에 와 같이 먹자."로 들린다. 아빠는 평생을 엄마와 식사하셨기에 혼자 드시는 밥이 어색하셨을 것이다. 반찬은 누나와 형수가 부족하지 않게 보내와 아빠는 밥만 하시면 된다.

엄마가 아프신 이후 몇 년 동안 엄마의 식사는 아빠가 챙기셨다. 엄마가 드시고 싶어 하시는 것을 늘 만들어 내셨다. 자장면을 좋아하시는 엄마를 위해 짜파게티를 자주 요리하셨으며 맛도 일품이었다.

아빠와 나는 단둘이 식사하며 이런저런 이야기를 나눈다. 내 어릴 적 이야기, 우리 오 남매 이야기, 할머니, 할아버지, 삼촌들 이야기, 정치와 경제, 문화예술까지 짧은 식사 시간이지만 참 많은 이야기를 주고받는다.

문득, 나의 아들이 중·고등학교를 다니던 때 나와 단둘이 식사했던 시절을 떠올려 보았다. 아들은 내가 차려준 식사를 잘 먹었다. 떡볶이, 어묵탕, 생선구이, 된장찌개, 계란프라이…. 아들과 식사를 같이하며 이야기를 나누고 아들은 나에게, 나는 아들에게 마음속 고마움을 쌓았다.

나는 아빠와 식사하며 늘 느낀다. 엄마가 없는 집에서 아빠가 얼마나 외로우신지, 식사를 혼자 하실 때 밀려오는 쓸쓸함을 이겨내기 쉽지 않음을….

"아들아, 밥 먹으러 오렴."

"네, 아빠, 오늘은 출장이 있어 저녁에 갈게요."

오늘도 전화로 들려오는 아빠의 적적함을 달래 드리기 위해 본가로 향한다. 엄마가 없으니 내가 엄마 몫을 해야지.

마을 어르신들에게
카네이션을 달아 드리며

"네가 문희 아들이냐? 엄마 닮아 키도 크네. 어버이날이라고 카네이션까지 달아주고 정말 고마워. 그리고, 엄마에게 잘해. 너 엄마 정말 고생 많이 했어."

1999년 강릉시 강동면사무소에 근무할 때 어버이날을 기념하여 마을 독거노인들에게 카네이션을 달아 드리는 행사를 진행했다. 강동면은 엄마의 고향이고 엄마가 농사를 짓는 곳이라 자원하여 근무하게 되었다. 이따금 출장을 다니다 농사일하시는 엄마를 보러 가기도

했고, 엄마 일하는 곳에서 엄마와 점심도 같이 먹곤 하였다. 아마, 내 생에 가장 행복했던 날들로 기억한다.

어버이날 마을 어르신들에게 카네이션을 달아 드리고 농사일을 하고 계신 엄마와 자장면을 먹었다. 아침에 본가에 들러 엄마, 아빠에게 카네이션을 드리며 엄마와 점심 약속을 하였다. 내 생에 가장 멋지고 맛난 점심이었다. 어버이날, 엄마가 농사일하시는 엄마의 고향에서 엄마가 제일 좋아하는 자장면을 먹으며 엄마와 아들이 다정하게 이야기하며…. 그날의 풍경을 난 아직도 잊지 않고 있다. 엄마의 그 환한 웃음과 자랑스러운 아들의 미소가 마치 영화의 한 장면 같았다.

엄마와 점심을 먹으며 오전에 카네이션을 달아 드린 마을 어르신들의 말씀이 계속 떠올랐다.

"네 엄마 문희는 정말 억척같이 일했다. 아버지 농사일 도우면서 동생들 다 공부시키고 혼자 되신 엄마 뒷바라지하느라 고생 많이 했다. 세상에 너 엄마 같은 사람 없다."

"엄마, 엄마도 1999년 어버이날을 기억하지? 그날의 풍경을 잊을 수 없을 거야. 엄마랑 같이 지내오면서 참으로 행복한 날로 기억해. 그날 엄마의 아들로 태어난 것이 자랑스럽다고 생각했어. 왠지 알아? 마을 어르신들이 엄마도 멋지고, 아들인 나도 멋지데 모전자전^{母傳子傳}. 엄마, 이제 다시는 그런 추억을 만들 수 없겠지. 그래도 다행이야. 엄마랑 함께했던 그런 멋진 시간이 있어서 엄마도 나도 행복한 사람이야."

대나무가 갈대보다 크게 자라는 이유는

"대나무가 갈대보다 크게 자라는 이유는 매듭이 있기 때문입니다. 어르신들이 작성하시는 그 자서전이 매듭될 것입니다. 자서전을 쓰고 나서 어르신들은 이제 제2의 인생을 사시면 됩니다. 살아오신 지난날은 이 자서전으로 매듭짓고 이제 훨훨 날아가십시오."

지역의 문화 사업으로 어르신 자서전 쓰기 사업을 하면서 내가 첫 수업에 어르신들에게 드린 말씀이다. 그때 엄마의 자서전도 같이 썼다.

나는 정리를 잘한다. 어떤 일이든 매듭을 짓고 다음 일을 시작한다. 일기를 쓰며 마음 정리를 하고, 매달, 매년 그간의 했던 일들을 글로 정리하곤 한다. 공직에서 퇴직하며 후회와 관련한 책 한 권으로 공직을 매듭지었고, 지금은 퇴직 후 10년이란 책을 기획하고 있다. 그것으로 퇴직 후 10년의 내 삶을 매듭지으려 한다.

어르신들은 자서전을 쓰시면서 지난 삶을 되돌아보셨다. 아프고, 행복했고, 만나고, 이별했던 그 시간을 끄집어내면서 긴 한숨을 짓곤 하셨다. 그 긴 한숨은 그냥 긴 한숨이 아니라 회한이었다. 70~80년을 살면서 얼마나 많은 일들이 있었겠는가?

엄마의 자서전을 쓰면서 나는 엄마가 되어 보았다. 엄마의 삶을 들여다보며 엄마의 회한을 알고 싶었다. 엄마가 자서전을 직접 쓰시면 좋았겠지만 그럴 수 없었다. 엄마와 인터뷰하고, 엄마의 메모장과 사진첩, 기록물을 보며 애쓰며 사신 엄마의 삶을 한번 매듭지어 드리고 싶었다.

지역의 어르신은 자서전을 쓰시면서 우시는 분도 있

었고, 환하게 웃는 분도 계셨다. 자서전을 쓰고 싶으셨다면 분명 우주만 한 사연을 가지고 계신 분이실 거란 생각은 했다. 몇 년 전 다른 지역에서 자서전 쓰기 사업을 하면서 봤지만 정말 어마어마한 사연들이었다. 나의 엄마처럼….

"엄마, 엄마 자서전을 내가 썼어요. 엄마는 정말 멋진 삶을 살아오셨어요? 자서전을 쓰는 내내 엄마는 행복한 사람이라 생각했어요. 결핍이 너무나 많았고 결국 그 결핍을 이겨내고 결국 엄마만의 삶을 살아오셨어요. 엄마 행복하셨죠?"

지역 어르신 자서전 사업을 하면서, 엄마의 자서전을 쓰면서 나는 엄마들의 아픔과 정면으로 만났다. 그 아픔이 엄마들을 성장시켰을 것이다. 아빠 고향 뒷산에 매듭으로 크게 자란 대나무처럼….

엄마도, 어르신도 자서전으로 애쓰며 살아오신 지난 삶을 매듭짓고 남은 생, 꽃길이길 소원한다.

추억과 사랑의 깊이는 정비례

 엄마의 자서전을 쓰면서 오래된 추억을 소환하였다. 85살인 엄마, 55살인 내가 같이 공유하는 추억은 무엇일까? 엄마는 나보다 더 정확하게 우리가 같이한 시간과 공간을 끄집어내셨다.

 "아들아, 너 초등학교 내내 계주 선수였지, 항상 파란색 바통을 쥐고 뛰었단다. 얼마나 잘 달리던지 그때 너의 모습이 눈에 선하다."

 "아들아, 초등학교 4학년 국군의 날, 펄펄 끓는 밥 냄

비에 오른발이 빠져 화상을 입었지, 지금도 그 상처가 있더구나."

내가 엄마를 추억하는 것보다, 엄마가 나를 추억하는 것이 훨씬 더 깊고 넓었다. 자서전을 위해 엄마와의 인터뷰 내내 '추억도 사랑의 깊이와 비례하는 것이구나.'라는 생각을 했다.

엄마와 내가 같이 지내온 55년의 지난 세월은 모두 추억이다.

내가 어릴 때는 엄마가 나를 보살피고, 엄마가 노인이 되고서는 내가 엄마를 보살폈다. 그러니, 우리는 보살피고, 보살핌을 주고받은 추억으로 남아 있다. 노환으로 거동이 불편하신 어머님은 이따금 나에게 "남형아, 내 아들로 태어나 주어서 고맙구나."라는 말씀을 하곤 하신다.

세상에서 가족만큼 소중한 것이 있을까? 그 소중한 가족과 함께한 추억은 또 얼마나 소중한 것일까? 가족과 추억을 많이 만드는 것은 세상에서 가장 소중한 일을 하는 것이다.

이번에 엄마 자서전을 쓴 이유도 엄마와 추억을 만들고 싶었다. 엄마의 추억을 알고 싶었고, 그 추억을 끄집어내 기록하여 남기고 싶었다. 엄마의 추억은 나뿐만 아니라 우리 가족 모두에게 소중한 것이기 때문이다. 엄마를 더 볼 수 없는 날 그 자서전을 보며 엄마를 추억할 수 있기 때문이다.

우리가 세상에서 사라지는 어느 날 우리는 결국 추억으로 남을 것이다.

요즘 엄마와 나의 이야기 속에 '추억이 사랑이 되는 것'을 느낀다. 죄송하고, 안타깝고, 애틋한 그 모든 추억이 사랑으로 다가온다. 나와 엄마의 대화에 99%는 추억이다. 바로 지난 사랑 이야기다.

엄마는 나에게 사랑이라는 추억을 남기셨고, 나는 엄마에게 사랑이라는 추억을 드렸다. 그 추억으로 엄마는 늘 내 곁에 있을 것이다.

엄마의 이력서(履歷書)

이력서. 신발^{履}이 다닌^{歷} 기록^{書}.

이따금 강의 요청을 받으면 나의 이력서를 보내달라고 한다. 공직 20년과 퇴직 후 10년의 이력을 간단하게 적어 보내준다. 학력, 경력, 논문, 저서, 강의 실적까지 간단하게 작성한 것 같아도 이력서는 빽빽하게 채워진다. 업데이트할 때마다 이력서는 몇 줄씩 늘어간다. 무에 그리 한 것이 많다고….

나의 이력서는 무미건조하다. 이력서에 누구를 사랑

했고, 누구와 이별하였으며, 행복했던 일, 가슴 아팠던 추억을 기록하지는 않는다. 누구를 행복하게 했었고, 감동하게 한, 감동한 것에 대한 기록도 없다.

  엄마의 자서전을 쓰면서 엄마의 이력서를 작성해 보았다.

출생 연월 1941년 2월.
출생지 강원도 강릉시 강동면 상시동리.
학력 초등학교 졸업.
경력 및 취미
  1. 오 남매를 사랑과 정성으로 성장시킴.
  2. 한 남편의 배우자로, 한 집안의 맏며느리로 죽을힘을 다하셨음.
  3. 평생을 농업과 육체 근로를 하시며 집안을 일구어 오셨음.
  4. 오 남매가 잘 자라준 것을 가장 자랑스러워하심.
  5. 동요를 좋아하고, 버스와 기차 타는 것을 좋아하심.
희망 사항 남은 생, 자식들에게 부담 주지 않고 세상과 이별.

올해 가족들과 엄마 자서전 출간기념회를 준비하고 있다. 그때 나는 엄마에게 드릴 '자랑스러운 엄마상'을 준비해 보았다.

상장 자랑스러운 엄마상
성명 최문희
나이 85세

상기인은 태어나서 지금까지 한 집안의 맏며느리로 한 남편의 아내로 오 남매의 엄마로 그 역할을 성실히 수행해 왔으며, 그 어려움 속에서도 웃음을 잃지 않고 한 가정을 꿋꿋이 지켜온 공로가 크며….

엄마의 이력서를 작성하며, 상장을 만들며 엄마 삶을 추억한다. 그 어떤 부정적인 문구가 떠오르지 않는 삶의 기록이다. 나에게 엄마의 이력서와 상장은 감동이었다.

학력은 단 한 줄이지만 삶의 지혜는 박사보다 높다.

경력은 굳이 설명이 필요 없다. 한평생을 하나의 신념으로 행동하며 사셨다. 어쩌면 무미건조한 나의 이력서보다 감동이 가득한 내용으로 10장 이상 작성할 수 있다.

85년을 살아오면서 사랑하는 사람들을 위해 온 힘을 다하셨고, 그 누구에게 아픔을 주지 않으려고 애쓰셨고, 그 누구의 아픔을 외면하지도 않았으며, 간절하게 사셨고, 하늘의 이치대로 사셨다. 최고의 이력서다.

이력서를 작성하면서 엄마에게 바라는 것을 여쭈었다. 엄마의 마지막 희망은 남은 생, 자식들에게 부담을 주지 않고 하늘나라로 가고 싶다고 하셨다.

엄마를 모시고 병원을 찾을 때마다 엄마는 나에게 말씀하셨다.

"아들아, 내가 너 시간을 너무 많이 빼앗는 것 같아 미안하구나. 내가 어여어여 하늘나라로 가야 하는데."

"엄마, 나는 엄마의 시간을 평생 빼앗으며 살았어요."

나는 혼잣말로 중얼거린다.

어제 쓰러져 병원을 모시고 갔다. 엄마는 병원 마당

에 있는 휠체어에 앉아 따스한 햇살을 맞으며 파란 하늘을 쳐다보신다. 나는 "이제 엄마가 하늘나라로 가시면 저 파란 하늘을 보며 엄마와 대화 나누어야 하겠구나."라는 생각을 했다.

엄마의 이력서에 엄마 꿈을 넣지 못했다. 엄마는 꿈이 있었는데 오 남매를 키우다 꿈이 무엇인지 잊어버렸다고 하신다. 살아 계시는 동안 엄마의 기억을 되살려 엄마의 꿈을 되찾아 드리고 싶다.

입원하신 엄마는 평온하게 주무신다. 꿈속에서 어릴 적 꿈꾸셨던 그 꿈과 만나길 기도드린다.

엄마가 그 꿈과 만나 오늘 밤은 행복하시길 빈다.

그래, 그래 둘째 아들이나

"엄마, 나야."

"그래, 그래 둘째 아들이나."

7~8년 전 엄마가 건강하셨을 때 아침마다 엄마에게 전화드렸다. 언젠가 엄마와 이별하면 목소리가 듣고 싶을 것 같아 그때 엄마와 전화 음성을 핸드폰에 저장하여 놓았다. 요즘 그 전화 통화를 들어보곤 한다.

길어야 2~3분인 전화 통화에 일상을 살아가는 이야기가 전부였다. 내가 가장 많이 한 말은 "엄마 뭐 해.",

"엄마 식사는.", "엄마 드시고 싶은 것은."이었고, 엄마가 가장 많이 한 말은 "우리 아들 고마워.", "마누라와 아이들에게 잘해줘.", "너도 건강해."였다.

돌아보니, 공직에서 퇴직하기 전에는 엄마가 나에게 전화를 많이 했었고, 퇴직 후에는 주로 내가 엄마에게 전화드렸다. 엄마가 나에게 전화를 주셨을 때를 기억한다.

"아들 바쁘지? 잘 지내는지 궁금해서 전화했다."

집에 있는 파란색 전화기에 내 핸드폰 번호를 눌렀을 엄마를 떠올린다. 전화기 옆에는 우리 오 남매의 전화번호가 가지런히 메모되어 있었다. 그 메모를 보고 다이얼을 누르시며 엄마는 얼마나 행복했을까? 엄마의 그 설레는 마음에 난 얼마나 화답했을까? 바쁘다는 핑계로 데면데면하지는 않았는지 돌아보고 후회한다.

언제부터인가 엄마와 통화하고 나면 마음이 따뜻해졌다. 눈물이 날 때도 있지만 슬퍼서 흘리는 눈물이 아니라 고마워서 흘린 눈물이었다. 특히, 내가 많이 아프고 힘들 때 엄마와 통화한 날은 더 그랬던 것 같다.

사랑하는 사람과 전화로 연락할 수 있는 것이 얼마나 행복하고 다행한 일인가 싶다. 사랑하는 사람의 안부를 묻고, 목소리를 듣는 것이 얼마나 행복한 일인가?

 엄마는 평생 핸드폰을 갖지 않으셨다. 요양원에 가신 이후로 엄마와 전화로 통화할 일은 더 이상 없다. 이제 엄마에게 전화할 수도, 엄마 전화를 받을 수도 없다.

 엄마와 이별을 하면 엄마 목소리가 많이 그리울 것 같다. 늘 반겨주던 그 목소리가….

 "그래, 그래 우리 둘째 아들이나"

간절했지만 만족하셨다

"남형아, 엄마는 청소를 열심히 할 테니 넌 공부 열심히 하렴."

파견근로자로 대학교 도서관에서 청소하셨던 엄마와 그 도서관에서 공부했던 내가 마주치면 엄마가 나에게 하시던 말씀이다.

엄마는 몸져눕기 전까지 단 한 번도 쉬지 않고 한평생 일만 하셨다.

시집오기 전까지는 친정 부모님과 시집온 이후에는

시부모님과 농사를 지으셨고, 시부모님, 친정 부모님이 모두 돌아가시고 난 후에는 고랭지 채소밭에 일용인부로, 지역의 대학교 두 곳에 청소 파견근로자로 정년까지 일하셨다. 그리고 다시 농사를 지으셨다. 단 하루도 쉬지 않고 일만 하셨다.

내가 존경하는 사람은 세 사람이다. 이순신 장군, 엄마, 막내 삼촌.

이순신 장군과 관련한 책은 거의 다 읽어 보았고, 23전 전승 지역을 다 가 보았기에 10시간도 강의 할 수 있다. 그리고, 우리 엄마에 대한 강의는 하루 종일 할 수 있다. 존경하기 때문이다.

이순신 장군과 우리 엄마를 존경하는 이유는 딱 하나다. 간절하게 사셨고, 순리대로 사셨다.

이순신 장군은 단 한 번이라도 패배하면 조선은 멸망한다는 것을 알았기에 이기는 싸움만 했다制勝. 정말 정말 간절하게 싸웠다. 선조의 불신으로 세 번의 파직과 두 번의 백의종군을 감내하고 결국 조일전쟁임진왜란을 승리로 이끄신다. 간절하셨고 하늘의 뜻대로 사셨다.

나의 엄마도 그러셨다.

"남형아, 세상에서 중요한 것 중 하나가 돈이다. 돈, 개처럼 벌어서 정승처럼 써라. 아끼면 부자가 될 수 있다. 욕심내지 말고, 일 한 만큼만 받아야 한다."

엄마가 이 말씀을 하시면 나는 "엄마, 또 또 또 그 개똥철학!" 하며 같이 웃는다.

엄마의 돈에 대한 그 간절함을 나는 안다. 엄마는 인간의 삶에 가장 가까이 있는 것이 돈이라고 이야기하셨다. 그만큼 소중하다는 뜻이다.

아버지는 농촌에서 농사를 지으시다 28살에 결혼을 하셨고, 35살에 하위직으로 공직에 입문하셨다. 집안 형편은 늘 쪼들렸다. 아버지의 검소함과 엄마의 억척스러움으로 우리 오 남매를 키우셨다.

엄마가 대관령 고랭지 배추밭에 일용인부로 일하실 때는 늘 새벽 5시에 나가셨다. 지금도 고랭지 밭에서 일을 마치고 봉고차에서 내리던 엄마를 기억한다.

"엄마, 힘들지 않아요?"

"남형아, 돈 버는 데 쉬운 일이 있니? 그래도 불러 주니 고맙구나."

나는 엄마가 새벽 5시에 나가 저녁 7시에 들어오는 그 일을 하시며 일당으로 얼마를 받는지 알고 있었다. 엄마가 대학교에서 청소 파견근로자로 일하시면서 얼마를 받는지도 알고 있었다. 500평인 외가 밭에서 농사를 일구실 때 1년에 수익이 얼마인지 이야기해 주신 적이 있다.

"남형아, 초등학교밖에 안 나온 나를 써주니 얼마나 고맙니, 일을 해 돈을 벌 수 있으니 얼마나 감사하니, 엄마는 그저 감사하단다."

엄마의 그 간절함으로 전셋집을 전전하던 우리 가족은 1991년에 지금 부모님이 살고 계신 예쁜 단독주택을 구입하였다. 지금도 행복해하며 이사하던 날이 생생하다.

아버지는 나에게 말씀하셨다.

"내 적은 공무원 봉급에 네 엄마가 노력하지 않았으면 이런 집을 어떻게 구입하겠니? 네 엄마는 정말 대단하고 훌륭하다."

엄마는 돈에 대해 정말 간절하셨다. 지금 몸의 에너지 총량을 다 쓰시고 누워계신 것도 결국 돈 때문이다. 온몸을 다해 일하셨고, 돈을 버셨다. 정말 검소하셨다. 아니, 가난하셨으니 검소할 수밖에 없었다. 엄마가 가장 잘하시는 것이 아끼는 것이었다.

그렇지만 절대 욕심내지 않으셨다. 내가 일한 만큼만 가져야 한다는 것을 정확하게 알고 계셨다. 세상의 순리대로 사셨다. 안분지족安分知足의 현인賢人이셨다.

엄마의 자서전을 쓰면서 내가 가슴 아팠던 것은 엄마의 마음을 헤아리지 못했던 것, 엄마의 마음을 아프게 한 것도 있지만 그것만큼 엄마 삶의 철학을 알면서도 엄마처럼 살지 않았던 나를 보고 후회했다. 때론 일확천금을 노리며 대강대강 살아왔던 나, 아끼지도, 간절하지도 않았던 나, 그런 내 삶을 반성한다.

자서전을 쓸 때 엄마가 나에게 하신 말씀을 기억한다.

"아들아, 세상에서 돈 버는 일이 가장 힘들더구나. 그런데, 열심히 하니 살아지더구나. 욕심내지 말고, 남 탓하지 말고, 네가 할 수 있는 일을 그저 열심히 하려무나.

그러면 후회하지는 않는다."

진인사대천명盡人事待天命, 간절하게 살았고 순리대로 살았던 엄마는 분명 행복했을 것이다.

2 / 다 사랑이었네

추억

자상하신 아빠, 억척스러운 엄마

 죽을힘을 다해 오 남매를 키워내신 나의 엄마. 단 하루라도 고단하지 않으신 날이 있었을까? 이제 여든이 훌쩍 넘으신 부모님을 찾아뵐 때마다 삶에 대한 책임과 무게를 느낀다.

 어머님, 아버님 모두 시골에서 태어나셨다. 어머님은 농사를 짓는 넉넉한 가정의 큰딸로, 아버님은 형편이 어려운 집의 장남이셨다. 그 당시만 해도 배움에 대한 열망은 컸지만 배울 수 있는 학교가 많지도 않았고, 특히 중·고등학교는 집에서 2시간 이상의 거리여서 학교를 오가는 것이 여간 수고스럽지 않아 어머님은 초등학교를 마치고 아버님과 농사를 지으셨고, 아버님은 고등학교를 마치고 동네 이장을 하시면서 집안일을 돌보셨다. 그리고, 양가 집안의 중매로 부부의 인연을 맺으셨다. 아버님은 결혼 후 내 동생이 태어나는 해 공직에 입문하셨다.

나의 어머님은 늘 나에게 그때를 회상하며 말씀하신다.
"아비야, 네 아버지 집안 어른들의 품성이 참 좋으셨다. 인자하시고, 집안의 우애가 특히 남달랐다. 그리고 네 아버지는 나에게 참 자상했다. 사는 것이 힘들었지만 화를 내지 않으셨고, 묵묵히 우리 가족을 위해 애쓰셨다. 나는 네 아버지를 존경한단다."

나의 아버님은 나의 어머님을 이렇게 회상하신다.
"네 엄마는 정말 억척스러웠다. 너의 외가에 논, 밭을 네 엄마가 혼자 다 일구었다. 나의 적은 봉급으로 오 남매를 잘 키운 것은 너 엄마 덕이다. 그러니 너희들도 엄마에게 잘하렴. 세상에 그런 엄마 없다."

자주 부모님을 찾아뵙는다. 그리고, 누워 계신 엄마 뵐 때마다 삶에 대한 무게를 느끼곤 한다. 몸과 마음에는 에너지 총량이 있다고 한다. 우리 오 남매를 키우느라 몸과 마음의 에너지 총량을 다 쓰시고 이제 거동이 불편하신 몸으로 나를 환하게 맞아 주시는 엄마를 뵈며 고맙고, 감사하고, 사랑한다는 말을 전한다.

 나 또한 나의 자식들을 잘 키워내야 한다. 그것이 나의 부모님이 나에게 준 사랑에 보답하는 것일 거다. 나의 부모님이 그렇게 억척스럽게 살아온 삶의 이유가 나였기에 나 또한 나의 자식들에게 정성을 쏟아야 한다. 나의 부모님이 나에게 하신 것처럼.

감자와 고구마

어릴 적 엄마랑 감자와 고구마를 캤다.

엄마는 하얀 감자꽃이 참 예쁘다고 하셨다. 마치 설탕, 소금 같다고….

4월에 파종하여 7월에 수확하였는데

씨감자를 고르고 자르던 엄마의 손길은 늘 정성스러웠다.

감자순이 갈색으로 변해 쓰러지면 수확하셨다.

밭이랑에서 큼직한 감자가 나올 때 엄마는 환하게 웃

으셨다.

고구마를 언제 파종했는지 기억에 없지만 늦가을에 수확하셨다.

감이 주렁주렁 달리는 시기와 겹쳤다.

엄마의 고구마밭은 내가 태어난 곳 응고개와 가까웠다.

고구마를 캐러 가는 가을날은 화창했고, 엄마가 내 손을 꼭 잡아 주셨다.

빨간 고구마가 이랑에 보일 때 엄마는 환하게 웃으셨다.

엄마가 고구마를 캘 때 나는 길옆의 감나무에서 홍시를 따 먹었다.

감자, 고구마 파종과 수확을 위해 구슬땀을 흐리던 엄마.

엄마 옆에서 고사리 손으로 감자와 고구마를 광주리에 담던 나.

해가 뉘엿뉘엿 지던 그 밭에서 엄마와 나는 서로를 의지하며 파종과 수확의 기쁨을 나누었다.

지금도 땀이 범벅인 엄마의 모습을 기억한다.

고구마밭 그늘에서 가을 햇살을 보며 김치와 도라지, 호박볶음으로 엄마와 점심을 먹었던 기억은 또 하나의 선물이었다.

내 기억 속에 멋진 가을의 노을과 석양, 맛난 점심의 추억을 선물해 주신 엄마에게 감사드린다.

엄마가 좋아했던 것들

엄마와 이별하면,

자장면을 먹을 때 엄마 생각이 날 것 같아.

감자전, 고구마 전을 먹을 때 엄마 생각이 날 것 같아.

호박죽을 먹을 때 엄마 생각이 날 것 같아.

달래 무침과 냉잇국을 먹을 때 엄마 생각이 날 것 같아.

찐빵과 호빵을 먹을 때 엄마 생각이 날 것 같아.

토마토와 파지 사과를 먹을 때 엄마 생각이 날 것 같아.

엄마와 이별하면,

노암동 집 골목길에 들어서면 엄마 생각이 날 것 같아.

우리가 행복했던 집 남문동 125번지를 지날 때 엄마 생각이 날 것 같아.

지금은 없지만 부흥슈퍼와 현대슈퍼 앞을 지날 때 엄마 생각이 날 것 같아.

버스와 기차를 타고 여행을 다닐 때 엄마 생각이 날 것 같아.

엄마의 고향과 아빠의 고향을 가면 엄마 생각이 날 것 같아.

엄마와 이별하면,

엄마를 위해 죽을힘을 다하신 아빠의 그 마음이 고마울 것 같아.

엄마를 위해 애써준 누나, 형, 동생들이 감사할 것 같아.

엄마를 위해 늘 좋은 것을 준비해 주신 형수님, 이모님, 이종사촌, 엄마를 진정으로 좋아해 주신 삼촌들, 숙모들, 나의 사촌들, 할머니의 건강을 위해 기도해 준 엄마 손주들 그리고, 엄마를 위해 애쓴 내 마음 모두 모두 그리울 것 같아.

엄마의 계절

엄마의 계절은 봄, 여름, 가을, 겨울 중 무엇일까?

봄이면 냉이와 달래를 캐 봄 향기를 주셨다.

달래는 무침으로, 냉이는 국으로 만들어 내어놓으셨다.

그 봄 향기가 몸속으로 들어오면 봄이었다.

엄마는 그렇게 나에게 봄을 주셨다.

여름이면 감자를 캐 밥 속에 넣어 감자향을 주셨다.

보리 밥과 노란 감자는 잘 어울렸다.

감자만 삶아 고추장과 내어놓은 간식은 또 얼마나 풍

성했던가

　엄마는 그렇게 나에게 여름을 주셨다.

　가을이면 고구마와 감으로 가을 향을 주셨다.

　떫은맛이 사라진 곰보 감, 향기 그윽한 고구마전

　엄마는 그것을 침감, 덴뿌라라 하셨다.

　가을은 침감과 덴뿌라로 그 향을 기억한다.

　엄마는 그렇게 나에게 가을을 주셨다.

　겨울이면 동치미 국물과 시래기로 된장국을 내어놓으셨다.

　노란 호박죽과 하얀 찐빵은 추운 겨울을 따뜻하게 만들어 주셨다.

　엄마는 그렇게 나에게 겨울을 주셨다.

　봄, 여름, 가을, 겨울 모두를 선물해 주신 엄마.

　그런 엄마에게 어떤 계절이 가장 잘 어울릴까?

　엄마는 어떤 계절을 가장 좋아하셨을까?

　오늘 밤 여쭈어봐야겠다.

식구(食口) 단상(斷想)

"아침 먹자, 남형아, 밥상 가져와라."

아빠가 말씀하신다. 내가 밥상을 펼치면, 엄마는 아침 일찍 부엌에서 만드신 반찬을 가지고 들어오신다. 그리고 전기밥솥에서 따뜻한 밥을 그릇에 담는다. 내 기억에 남아있는 우리 가족의 따뜻한 풍경 중의 하나였다.

큰 밥상과 작은 밥상을 붙이면 우리 식구 7명이 앉을 수 있었다. 엄마는 늘 아빠 밥을 먼저 펐고, 형과 누나 그리고 나와 내 동생들 밥, 엄마 밥은 늘 맨 마지막에 펐다. 엄마 밥에는 누룽지가 많았다.

반찬은 특별한 것이 없었다. 배춧국이나 된장찌개, 김치와 멸치, 계란 프라이와 김, 콩자반 정도로 기억한다. 봄철에는 엄마가 캐온 달래, 냉이 등 나물도 있었다. 특별한 반찬은 없었지만, 엄마의 정성은 늘 특별하였다. 지금도 캐온 나물을 정성스레 다듬던 엄마의 모습을 기억한다. 마치 그 나물이 보물이라도 된 것처럼.

아버지는 늘 가족들과 같이 아침을 먹는 것을 중요하게 생각하셨던 것 같다. 내가 초등학교, 중학교 다니던 80년대 시절 우리 가족은 아침을 먹으며 이런저런 이야기를 많이 했다. 우리들의 학교 이야기, 집안 대소사, 할머니, 할아버지, 친척 이야기….

엄마는 아침 일찍 7명의 가족 아침을 챙기고, 오 남매의 도시락을 준비하고, 농사일로 피곤한 몸을 이끌고 집에 돌아와 저녁을 준비하셨다. 나는 그 일들이 정성이라고 생각하지만, 엄마에게는 노역이었을 것이다.

식구食口란 '한집에서 함께 살며 끼니를 같이하는 사람'이라고 한다.

엄마는 우리에게 먹을 것을 내주시느라 눈코 뜰 새 없이 바쁘셨다. 엄마의 그 노고로 우리 식구 7명은 늘 아침마다 정겨운 시간을 가졌다.

 엄마는 엄마가 준비한 밥과 반찬을 맛나게 먹는 자식들을 보며 행복했을 것이다.

 늘 엄마는 세상에서 가장 위대한 것이 밥이고, 그 밥을 같이 하는 식구도 위대하다고 하셨다.

 엄마, 우리는 식구食口야

빨간색 라디오

 엄마는 논밭에서 일을 하실 때 꼭 라디오를 켜 놓으셨다. 집 안 청소를 하시는 동안이나 음식을 하실 때도 라디오를 들으신다. 하루 종일 라디오를 들으신다. 엄마의 제일 친한 친구는 라디오였다. 뉴스, 아침마당, 일기예보는 물론 시사상식과 관련한 프로그램도 많이 들으셨다. 그 라디오에서 이금희 아나운서의 목소리도 기억나고, 싱글벙글쇼도 기억난다. 특히, 시사 고전처럼 삶에 지혜를 주는 프로그램을 좋아하셨다.

농사일하시는 엄마에게 책은 언감생심. 엄마의 가장 친한 친구는 라디오였다. 가장 오랫동안 사용했던 빨간색 라디오의 크기와 모양을 20년이 지난 지금도 기억한다. 엄마는 이따금 나에게 멋진 문구나 구절을 읊어주신다. 나는 처음에 "엄마가 요즘 책을 보시나, 어디서 저런 멋진 구절을 보셨지." 나중에 안 것이지만 엄마 삶의 지혜는 많은 부분 라디오를 들으며 아셨고, 그것을 행동으로 옮기신 것이다.

"남형아, 남을 미워하는 것은 네 몸속에 암을 키우는 것과 같다."

"남형아, 참는 것은 마음의 보배고, 참지 못하는 것은 몸의 재앙이다."

엄마가 농사일을 하시며 라디오를 들으시고 심지어 라디오와 대화하는 모습은 지금도 정겨운 모습으로 내 기억 속에 남아 있다. 엄마에게는 친구가 없다. 이야기할 상대도 없었다. 엄마는 지나가는 개구리, 뱀 하고도 이야기를 나누셨다. 그런 엄마에게 라디오는 가장 친한 친구였다. 그 친한 친구에게서 외로움을 달랬고, 삶의 지혜도 얻으셨다.

지금 생각해 보니 그 빨간 라디오와 엄마는 한 몸이었다.

엄마 방에 있는 엄마 노트에 라디오에서 들은 시사 고전 명언을 메모한 것을 보며 알았다. 엄마는 늘 라디오를 들으며 몸과 마음을 정갈하고 반듯하게 하려고 노력하셨다.

엄마는 빨간색 라디오 하나만으로도 행복한 사람이었다.

엄마, 나, 길에서 주워왔어

"넓죽이는 길에서 주워왔지."

넓죽이는 어릴 때 나의 별명이고, 작은 엄마는 나를 보면 길에서 주워 왔다고 놀리곤 하셨다. 실제로 나는 길에서 태어났다. 음력 1970년 3월 23일 저녁 7시 내 고향 산북리 '응고개'라는 곳에서 엄마는 나를 낳았다.

음력 3월 23일이니까 양력으로 4월 28일이다. 농사일을 시작하는 봄이다. 엄마는 농사일을 마치고 집으로 돌아가시다 산통이 와 길에서 나를 낳으셨다고 하신다.

요즘 시대 상상이 안 되는 일이다.

태어났을 때 내 울음소리가 얼마나 크던지 엄마는 놀라셨다고 하셨다.

"남형아, 너는 길에서 태어나 그런지 어릴 때부터 걷는 것을 좋아했고, 달리기도 잘했고, 엄마랑 손잡고 길을 걸을 때 항상 웃었단다."

내가 하는 일 중 하나는 산과 들, 하천을 걸으면서 생태를 조사하고, 분석하곤 한다. 나는 걷는 것을 아주 좋아한다. 하루에 가급적 10,000보는 걷는다. 걸으면서 일의 실마리를 찾고, 사색하고, 나를 돌아본다. 길에서 태어난 덕분일까?

내가 태어난 곳을 이따금 가보곤 한다. 5년 전 내 생일 저녁 7시에 '응고개' 그곳을 가보았다. 그곳에서 엄마 생각을 했다.

"엄마, 길에서 나를 낳느라고 힘들었지? 덕분에 나는 길에서, 길을 걸으며 일하는 직업을 가졌어. 나는 내 직업이 좋아. 모두 엄마 덕분이야."

이불을 개지 않았던 이유

"남형아, 방 안에서 담배 좀 그만 피워라 냄새난다. 그리고 이불은 개고 출근 하렴." 엄마가 내 방 청소를 하신 후 나에게 자주 하셨던 말씀이다. 엄마는 매일 내 방 청소를 하셨다. 내가 일어나 이불을 개지 않고 출근해 엄마는 나의 이불을 개어 주셨다.

누나가 결혼하고 누나가 쓰던 작은방을 내가 썼다. 20대 후반 친구들, 직장동료들과 어울려 다니며 매일 밤늦게 집에 들어왔다. 소위 내 생의 황금기였다.

"남형아, 너랑 저녁 먹어 본 지 오래되었다. 오늘은 저녁, 같이 먹자."

출근할 때 엄마가 이따금 이런 말씀을 하셨다.

어느 날 아침 엄마가 차려준 아침을 먹고 출근 준비를 하는 데 엄마가 내 방에 이불을 개시면서 콧노래를 부르시며 즐거워 보이셨다. 그 즐거운 얼굴로 나를 보시며,

"남형이 일어나면 바로 이불을 개려무나. 담배도 그만 피우고."

그때 나는 알았다. '엄마가 나를 위해 무언가를 하실 때 즐거우시구나' 내방 이불을 개시면서, 나를 위해 아침을 준비하시면서 엄마는 콧노래를 부르셨다. 엄마는 나를 위해 무언가를 하실 때 행복하셨던 것 같다.

그 방에 살면서 결혼하기 전까지 몇 년 동안 내 방 이불은 엄마가 개어 주셨다. 이불을 개어 주신 노고에 감사드린다며 엄마에게 용돈을 드렸던 기억이 난다. 내가 이불을 개지 않았던 이유를 엄마는 알고 계실까? 20대 후반 엄마와 아빠와 막냇동생과 같이 살았던 그 시간이

내 생에 가장 행복했던 시절이다. 엄마가 건강하셔서 나를 위해 무언가를 해주시던 시간….

요즘 나도 일주일에 한 번 나의 아들 방을 청소하곤 한다. 아들과 단둘이 사는데 청소는 내 몫이다. 아들 방은 30년 전 내가 쓰던 방보다 훨씬 깨끗하다. 아들 방을 청소하며 30년 전 엄마를 떠올린다. 아마, 아들 방을 청소하는 지금의 나보다 30년 전 나의 방을 청소하셨던 엄마가 훨씬 즐거워 보이셨다.

엄마는 내 방 이불을 개시면서 행복해하셨다.

"엄마, 난 알아요. 엄마가 나를 위해 무언가를 하실 때 가장 행복해하셨다는 것을요."

혼잣말

엄마는 논, 밭에서 일을 하실 때 혼잣말로 중얼중얼.

엄마는 요리하실 때 혼잣말로 중얼중얼.

엄마는 티브이를 보시면서 티브이 속 사람들과 이야기 나누시며 중얼중얼.

엄마는 라디오를 틀어 놓고 맞장구를 치며 혼잣말로 중얼중얼.

혼자서 중얼중얼 무슨 이야기를 하실까 조용히 들어 보면 노래도 부르시고, 자식들 이야기도 하시고, 티브이와 라디오의 아나운서와 대화도 하신다.

"그래, 아나운서 말이 맞네, 내 생각하고 똑같네."

"나쁜 짓 하면 죄받지, 착하게 살아야지."

"우리 자식들은 다 잘 되거라. 다 행복해라."

엄마에게는 말할 상대가 없었다. 그러니 혼잣말로 본인과 대화하신다. 엄마는 지나가는 개구리, 두꺼비와도 친근하게 대화를 나누신다. 엄마의 감성도 감성이지만 엄마의 이야기를 들어줄 사람이 없었다. 엄마는 나와 대화 나누는 것을 좋아했다. 그것을 알고 난 후부터 엄마와 자주 이야기를 나누었지만, 그때는 이미 너무 늦었다. 말할 기력이 없는 엄마를 보며 후회하곤 한다.

"엄마, 미안해. 엄마의 이야기를 들어 주어야 했는데. 엄마가 늘 혼잣말로 중얼중얼하실 때 그때 알아야 했었는데. 엄마가 그 누구와 이야기하고 싶어 하실 때 나는 늘 엄마 옆에 없었어. 그래서 지금 많이 후회해."

나 30분, 아빠 1시간, 엄마 8시간

 결혼하기 전까지 나는 부모님과 같이 살았다. 주말이나 공휴일이면 엄마는 나랑 같이 엄마 고향의 놀이터인 논, 밭에 가시는 것을 좋아하셨다. 어릴 때 추억이 있는 곳이라 나도 엄마와 엄마 고향에 가는 것이 즐거웠다. 이따금 아빠도 같이 가시곤 하였다. 엄마는 아빠 차를 타셨고, 나는 따로 차를 가지고 갔다. 각자 차를 가지고 가는 이유가 있다.

 외갓집에 도착하면 먼저 편한 옷으로 갈아입는다. 그

리고 밭이든 논이든 일을 시작한다. 농사일이 다 그렇듯 땡볕이다. 밭에는 감자와 고추가 주 작물이었기에 일하는 시기도 햇볕이 강한 6~8월이었다.

10분만 지나면 땀이 났고, 30분이면 몸이 무거웠다. 1시간 후면 허리가 욱신욱신 아프기 시작한다. 30분이면 난 요령을 피운다.

"엄마, 구판장에서 아이스크림 사 올까?"

"그래, 얼른 다녀오렴."

구판장은 지척에 있었다. 뛰어가면 5분 거리다. 그런데 굼벵이도 그런 굼벵이가 없다. 뭉그적뭉그적, 터벅터벅, 어슬렁어슬렁, 40~50분은 걸린다.

엄마, 아빠와 함께 감나무 그늘에서 시원한 아이스크림을 먹는다.

"남형아, 더워 일하기 싫지? 친구들과 놀다 저녁에 엄마 태우러 오렴."

그 이야기를 듣고 있던 아빠는

"나도 친구들과 약속이 있다. 내가 저녁에 엄마 태우러 올 테니 남형이는 엄마 조금만 더 도와주고 놀러 가렴."

"아빠, 제가 엄마 태우러 올게요."

"아니다. 내 마누라 내가 태워줘야지, 너는 친구들과 신나게 놀다 오렴"

그러면서 아빠와 나는 엄마만 밭에 남겨두고 각자의 볼일을 보러 간다. 나는 아이스크림을 사러 갈 때와 다르게 총알처럼 그곳을 벗어난다. 마치 오지 말아야 할 곳을 온 것처럼….

엄마는 그곳에 혼자 남아 더위와 모기, 날파리와 싸우며 저녁 7시까지 일을 하신다. 친구인 라디오와 이야기 나누고 이따금 만나는 개구리와 정겹게 인사를 하며 엄마의 놀이터인 그 논과 밭에서 하루 종일 노신다.

엄마에게 농사는 천직이었다. 아니, 몸을 써서 하시는 모든 일이 천직처럼 보였다. 엄마의 삶은 한 단어로 '꾸준함'이었다.

농협에 팔고 남은 감자를 삶아 내어놓으시면서

"남형아, 너는 30분 일했고, 당신은 1시간 일했으니 그만큼만 먹어요."

"엄마, 나 아이스크림 사 왔는데."

"코 앞에 구판장을 다녀오는 데 1시간이나 걸리면서…."

이따금 엄마는 말씀하셨다.

"너는 공무원이니 나랏일 열심히 하고, 나는 농부니, 농사일 열심히 하면 된다. 그래도 엄마랑 같이 밭에 와 주는 것만으로도 고맙다."

"일하지 않은 자 먹지도 말라. 시작했으면 불평하지 말고 해라."

엄마의 철학이다. 무엇이든 꾸준하게 하셨던 철학을 배워야 했는데….

얼마 전 엄마와 함께 아이스크림을 먹던 그 감나무 아래 앉았다. 환하게 웃으시던 엄마가 그립다.

엄마의 고향, 아빠의 고향

 엄마, 오늘 오후에 엄마의 고향 상시동리와 아빠의 고향 산북리를 다녀왔어. 마음이 답답할 때면 이따금 가곤 해. 그곳은 엄마, 아빠의 고향이지만 나의 고향이기도 하잖아.

 오늘 찾은 엄마의 고향에서는 따뜻한 봄날이라 사람들이 모내기하고 있었어. 엄마 사촌인 외종부를 뵈어서 인사드렸더니 얼마나 반갑게 맞아 주시던지. 엄마의 소식은 알고 계셨고, 엄마 안부를 여쭈셨고, 나보고 "엄마에게 잘해드려"라고 말씀하셨어.

엄마의 고향을 둘러보고 아빠의 고향에 갔어. 승용차로 30분 남짓 걸렸어. 그리 멀지 않은 곳이야. 나 어릴 땐 엄마의 고향과 아빠의 고향이 왜 그리 멀어 보이던지, 아빠의 고향은 대관령 바로 밑이고, 엄마의 고향은 바다와 가까워 마치 끝과 끝이라는 생각으로 더 그랬던 것 같아.

아빠의 고향집은 이제 아무도 살지 않는 폐가가 되었어. 늘 동생과 엄마를 기다리던 그 동산도 가보고, 엄마가 버스를 기다리며 노래를 불렀던 정류장도 갔었어. 내가 태어난 응고개, 엄마가 한겨울 물동이를 이고 다녔던 곳, 동생과 미꾸라지를 잡던 작은 실개천, 엄마랑 고구마를 캐던 밭.

40~50년 전 나 손잡고 밭에 가시던 엄마, 물동이를 이고서도 늘 환하게 웃던 엄마, 늘 애쓰시던 엄마의 모습이 떠올랐어. 그런데, 섭섭했던 것은 그때의 엄마 얼굴이 선명하게 기억나지 않아. 엄마의 젊었을 때 얼굴. 나 초등학교 다닐 때 엄마랑 찍었던 사진첩에 있는 엄

마의 그 얼굴이 기억나지 않아.

오늘 엄마와 아빠의 고향에 간 이유는 엄마와 아빠의 젊었을 때 모습을 떠올리고 싶었어. 엄마도 아빠도 젊었을 때가 있었잖아. 늘 요양원에 누워계신 모습만 보니까 엄마는 늘 아프고 젊었을 때가 없었던 것 같아 조금은 서글퍼 엄마도 분명 젊고 예뻤던 시절이 있었을 텐데….

오늘 엄마, 아빠 고향에서, 아니 내 고향에서 40~50년 전 나를 보았고, 엄마, 아빠를 보았어. 너무 행복했던 그 시절. 그때는 할머니, 할아버지고 곁에 계셔서 더 행복했는지도 몰라.

다시 그 시절로 돌아가면 엄마의 젊은 시절 모습을 잊지 않기 위해 내 기억 속에 엄마의 모습을 담아 놓고 싶어. 엄마 젊었을 때 사진을 보니 키 170cm 최문희 여사님, 엄마도 젊었을 때 나처럼 멋졌어.

오늘 엄마 고향, 아빠 고향에서 젊었을 때 부부로 사랑 나누며 행복했을 엄마, 아빠를 생각했어. 엄마도 그 시절로 돌아가 보고 싶지?

현대슈퍼와 부흥슈퍼

"엄마, 어느 슈퍼 다녀왔어요?"

"오늘은 현대슈퍼에서 두부를 샀다."

"엄마, 어제는 부흥슈퍼를 다녀오더니."

"그래, 부흥슈퍼는 채소가 싱싱해."

현대슈퍼는 본가의 앞길 건너편에 있었고, 부흥슈퍼는 뒤편에 있었다. 지금은 모두 사라지고 없다. 한 곳은 편의점이 입주해 있다.

엄마는 현대슈퍼와 부흥슈퍼를 번갈아 가며 한 번씩

이용하셨다. 한 곳을 두 번 연속 가시는 것을 못 봤다. 엄마는 두 곳 모두 단골이다. 엄마와 같이 슈퍼를 갔었는데 주인께서 엄마를 참으로 좋아하셨다.

엄마는 슈퍼에 가실 때 살 것을 미리 메모하신다. 꼭 필요한 물건만 사셨다. 슈퍼 어디에 무슨 물건이 있는지 정확하게 아신다. 슈퍼주인 같았다. 이따금 엄마 심부름으로 슈퍼에 갈 때면,

"오늘은 부흥슈퍼에 다녀오렴."

"이번에는 현대슈퍼에 다녀오렴."

난 알고 있다. 왜 엄마가 두 슈퍼를 한 번씩 번갈아 가시는지

"남형아, 한 번씩, 한 번씩 팔아 주어야지 한 곳만 가면 안 가는 슈퍼를 지날 때 미안하더라. 그러니 너도 똑같이 팔아줘라."

지금도 엄마의 그 아름다운 마음에 고개가 절로 숙여진다. 엄마는 그랬다. 작은 것 하나라도 나눌 수 있는 것은 나누어야 한다고. 내가 안 팔아 주어 슈퍼가 문 닫으면 안 된다고….

"엄마, 엄마가 얼마나 예쁜 마음으로 세상을 사셨는지 느껴요. 아마, 슈퍼 사장님들도 엄마의 그 마음을 다 알고 계셨던 것 같아요. 엄마로 인해 두 곳의 슈퍼 사장님은 행복하셨을 거예요."

의사와도 정겹게 대화

 엄마는 그 누구와도 정겹게 대화를 나눈다. 심지어 처음 뵌 분들과도 금방 친구가 된다. 엄마의 구수한 강원도 사투리와 환하게 웃는 표정은 내가 보아도 편안함 그 자체다.

 2020년, 여름으로 기억한다. 평생 농사일로 허리가 굽으신 엄마를 모시고 디스크 수술로 유명한 서울의 모 병원에 갔다. 진료를 담당하신 부원장님은 아주 유명하신 분이라고 하셨고, 당연히 바쁘신 분이었다. 검사를 위해 MRI를 찍고 수술 가능 여부를 알기 위해 부원장님을 뵈었는데 엄마는 또 그 구수한 강원도 사투리로 이야기를 꺼내신다.

"의사 선생님, 저는 평생 농사만 지었잖소. 어릴 땐 친정아버지를 따라다녔고, 결혼해서도 일만 했어요. 먹고 사는 게 달부 어여웠어요. 언제 몸도 허리도 쉴 틈이 있소?"

"어르신, 수술하시면 힘드실 텐데 이겨내실 수 있으시겠어요?"

"의사 선생님, 친정에 밭이 있는데 농사를 지을 사람이 없잖소. 어여 가 밭을 매야 하는데 우터 하믄 좋소."

병원 부원장님이 엄마를 보고 웃으신다. 옆에 있는 나도 웃음이 나와 참을 수 없다. 아빠도 씩 웃으신다. 그날 나는 알았다. 엄마는 그렇게 유명한 병원의 부원장님과도 금방 친해질 수 있다는 것을….

엄마는 결국 허리 수술을 하지 못하셨다.

치매, 당뇨, 고혈압으로 엄마를 모시고 지역의 병원 몇 곳을 자주 간다. 엄마를 몇 번이나 본 의사 선생님은 늘 웃으신다. 엄마의 구수한 사투리와 재밌는 입담을 보며 때로는 맞장구도 쳐 주신다. 어떨 땐 다음 환자를 위해 강제로 의사 선생님과의 대화를 끊고 휠체어를 돌린다. 그럴 때마다 엄마는

"야야라 야야라 아들아 내가 지금 의사 선생님과 재미나게 이야기 나누는데 왜 자꾸 가자고 하나."

엄마는 나오면서 고개를 뒤로 돌리시며 의사 선생님과 이야기를 나누신다.

엄마는 재미나게 이야기하신다. 표현도 고급스럽다. 타고난 재능이다. 이따금 엄마와 이야기하다 보면 웃음이 저절로 나온다.

20대 나는 늘 내 방에서 담배를 피웠다. 엄마는 내가 방안에서 담배를 피우는 것을 싫어하셨다. 하루는 내 방 천장에 있는 노란 자국을 보며

"이 인간아 네가 하도 담배를 피우니 천장이 노래졌다. 담배를 끊던지, 네가 도배를 다시 하던지."

노래진 자국은 처음 이사 올 때 도배하며 남긴 자국이었다.

또 거실에는 뻐꾸기시계가 있었다. 10시면 뻐꾸기가 집 밖으로 나와 뻐꾹뻐꾹 10번을 울었다. 그런데 언제부턴가 그 뻐꾸기가 집 밖으로 나오지 않고 집 안에서 울었다. 그걸 보고 엄마는

"야! 이 인간아 너 담배 냄새가 싫어서 이제는 뻐꾸기도 집 밖으로 안 나온다. 너 담배 끊을 때까지 안 나온단다. 뻐꾸기를 살려내라 이 인간아."

나는 늘 엄마와 이야기하는 것이 즐거웠다. 엄마와 나는 늘 재미나게 이야기 나누었고 엄마는 나의 친구였다. 엄마와 이별하면 가장 슬픈 것이 무엇일까? 즐겁게 이야기 나눌 친구가 없어지는 것이다.

"엄마, 엄마는 내 평생 가장 즐겁게 이야기 나눌 수 있는 친구였어. 엄마랑 이야기 나누면 늘 즐겁고 행복했어."

옷 색깔

"엄마, 엄마가 좋아하는 색깔이 뭐예요?"

"난 빨강과 노란색이 좋아."

"아, 엄마가 빨간 옷을 유독 많이 입은 이유가 있었네요."

엄마 방 사진첩 속 엄마가 입은 옷의 색깔을 보다 엄마가 좋아하는 색이 궁금했다. 빨간색, 노란색…. 그중에서도 빨간색이 많았다. 내 기억 속에 엄마의 옷은 밝은색보다 어두운색이었다. 나의 기억에 늘 남아 있는 엄마의 옷 색깔은 살구색인 살색이 많았고, 회색도 있었다. 나의 학창 시절 졸업식 사진을 보면 대부분이 살색 옷이었다.

"왜 나는 엄마 옷을 생각하면 살색을 떠올릴까?"

어릴 때 엄마 옷은 살색밖에 없었던 것 같다. 입학식, 졸업식에 오실 때 살색 옷, 비 오는 날 우산을 들고 오실 때도 살색 옷, 아빠랑 모임에 나가실 때도 살색 옷, 가족 모임에 찍은 사진에도 살색 옷이 많았다. 아빠가 퇴직하실 때 두 분이 호주와 뉴질랜드 여행을 다녀오셨는데 그때 옷이 빨강과 하양이었다.

나는 살^{피부}, 사람, 사랑, 삶을 한 단어로 떠올리곤 한다. 느낌과 어원이 맞닿아 있어 보인다. 내가 엄마를 생각할 때 떠오르는 단어가 '사랑과 삶'이다. 그 단어가 자연스럽게 연결되는 것이 살^{피부}이다. 지금도 요양원에서 엄마를 뵈면 엄마의 피부를 보곤 한다. 얼굴은 조금 하얗게 변했지만, 손과 발은 아직도 검게 그을려 있다.

엄마가 왜 살색 옷을 좋아하셨는지 모르겠다. 엄마가 살색을 좋아해 살색 옷을 사신 것인지, 아빠가 선물로

드린 것인지….

　엄마는 살색 옷을 입으실 때마다 무슨 생각을 하셨을까? 오늘 엄마에게 여쭈어봐야겠다.

기록물 보관소

엄마는 내 삶의 기록을 보관하고 있다. 엄마의 장롱에는 나의 추억, 나의 꿈, 나의 삶이 차곡차곡 쌓여 있다. 엄마는 나의 기록물 보관소다. 우리 가족 삶의 추억을 보관하고 있는 박물관이기도 하다.

공직에서 퇴직하고 은퇴와 관련한 책을 출간하였을 때 나의 첫 봉급명세서를 책에 실었다. 책을 읽은 사람들이 물어보곤 한다. "25년이 지난 첫 봉급명세서를 보관하고 있었어요?"

타자로 친 나의 첫 봉급명세서는 엄마의 장롱에 보관되어 있던 것이다. 첫 봉급 때부터 5년 정도의 봉급명세서를 마치 보물처럼 포장해 보관하셨다.

 그 장롱에 나의 추억은 무엇이 있을까? 하고 꺼내 보았다. 학창 시절 받은 상장, 성적표, 대학교 등록금 및 장학금 통지서, 공직에 있을 때 언론사 기고문, 그리고 나의 어릴 적 사진, 부모님에게 보낸 편지까지 어렴풋한 기억들이 나를 보고 웃고 있었다. 그 기록을 보며 한참이나 웃음을 짓던 기억이 난다.

 우리 오 남매의 기록들이 차곡차곡 쌓여 있었다. 마치, 조선왕조실록과 승정원일기를 보관한 국가기록물 보관소처럼….

 나의 봉급명세서에 삐뚤삐뚤한 글씨로 "장한 둘째 아들 고생했다."라고 적혀있던 것을 보며 웃음과 눈물이 함께 나왔다. 그리고, 첫 봉급날 부모님께 내의를 사드렸는데 환하게 웃으시던 엄마를 떠올렸다. 그때도 "우리 아들 장하다."라고 하셨던 것 같다.

 문득, 엄마는 장롱 속에 나의 기록을 차곡차곡 쌓으

면서 어떤 생각을 하셨을까? 최우수상, 우수상, 졸업장, 발령장, 합격 통지서, 얼굴 사진과 함께 나온 기고문, 봉급명세서를 보며 "내 아들로 태어나 고맙구나."라고 하지 않으셨을까?

내가 보고 싶을 때 이따금 그 장롱을 열어보시며 "우리 아들 애쓰며 살아 주어서 고맙구나."라고 했을 것 같다.

엄마는 나의 기록을 보관하고 정리하며 나를 추억했을 것이다. 그때마다 엄마는 분명 행복했을 것이다.

사진첩을 보고

 엄마 방에는 보물처럼 보관된 사진첩이 있다. 그 사진첩을 열면 우리 가족들의 모든 역사가 다 모여 있다. 엄마, 아빠 결혼사진, 형, 누나, 나 결혼사진, 아이들 돌 사진, 아빠 군에 있을 때 사진, 엄마 어렸을 때 사진, 아빠 퇴임식 사진, 아빠가 직원들과 나들이 가셨을 때 형과 내가 따라가 찍은 사진….

 아빠는 지금도 멋지지만, 총각 때는 더 멋졌다. 내 막냇동생이 잘생겼는데 총각 때 아빠를 그대로 빼닮았다.

아빠는 최전방 군 생활을 이야기하곤 하셨는데 사진으로 보며 '힘드셨겠다'라는 생각이 든다. 엄마의 어릴 때 사진을 보며 웃음을 짓는다. 키가 커(170cm) 늘 맨 뒤에 서 계셨고, 다른 사람과 키를 맞추기 위해 항상 계단 아래서 사진을 찍으셨다. 엄마 키 덕분에 우리 오 남매는 모두 키가 크다. 엄마가 섭섭해할지 모르지만 나는 얼굴은 아빠를, 키는 엄마를 닮았다. 늘 다행이라 생각한다.

엄마, 아빠 결혼식 사진을 한참이나 보았다. 아빠가 28살, 엄마가 25살, 지금 내 아들, 딸 나이다. 예식은 마을 주민이 모두 함께하는 전통 혼례로 하고 예식장에서도 사진을 찍으셨다. 연지곤지에 족두리를 하신 엄마, 부끄러워하시는 그 모습에 웃음이 나왔다. 그런 엄마를 사랑스러운 눈빛으로 바라보는 아빠, 팔짱을 끼고 예식장에서 찍은 사진을 보며 엄마, 아빠의 청춘 시절 모습을 보았다. 연애결혼이 아닌 중매로 결혼하셨기에 결혼식은 그 모습 그대로였다. 전통 혼례 사진에 양가 가족과 마을 주민 모두가 함께했던 것을 보며 축제 같았다.

엄마와 아빠는 축제와 같은 결혼식을 한 것이다.

내가 엄마에게 결혼하기 전 아빠에 관해 물어보면 이렇게 대답하셨다.

"총각 때 아빠는 참 멋졌다. 얼굴도 잘생기고, 운동도 잘했다. 내 눈에 네 아빠는 참 멋지더구나."

엄마 사진첩 함에 같이 있던 나의 결혼식 사진을 물끄러미 보았다. 나의 아들, 딸 돌사진과 같은 사진첩에 있었다.

"자은 엄마 나 만나 고생 많이 했어요. 애들 키우느라 애썼어요. 헤어짐은 어쩔 수 없었던 일이고 내가 부족했던 것 모두 용서하세요. 나 또한 그대 모두 용서했소. 우리 자은이 유래를 위해 늘 기도해 주시면 고맙겠어요."

이 글을 통해 다시 한번 애 엄마에게 감사함을 전한다.

사진첩에서 가장 눈에 들어왔던 것 중 하나는 아빠 퇴직 기념으로 엄마, 아빠가 호주와 뉴질랜드 여행을 다녀온 사진이었다. 그때 엄마는 지금 내 나이였을 것이다. 참으로 다정해 보였다. 세계적인 명소에서 두 분이

팔짱을 끼고 환하게 웃는 모습을 보며 '진정한 부부는 저런 모습이구나.' 라는 생각을 했다.

나와 형, 누나 초등학교 졸업식에 엄마는 하얀 장갑을 끼고 있었다. 엄마 사진에 하얀 장갑을 낀 모습을 꽤 보았다. 오늘 요양원에서 엄마에게 물어봐야겠다.

"엄마, 내 졸업식에 왜 하얀 장갑을 끼고 오셨어요?"

이따금 엄마와 나의 추억이 있는 사진첩을 꺼내어 보며 그 많은 사연 속에서 울고 웃었을 엄마를 생각한다. 엄마의 보물창고는 우리 가족의 사랑이 보관되어 있었다.

한 손에는 내 손을, 한 손에는 장대를

엄마는 철인鐵人이었다. 엄청난 힘의 소유자였다. 농사를 지으며 우리 오 남매를 키우셨고, 시부모님과 친정어머님을 봉양하셨다. 난 엄마를 생각하면 천하장사를 떠올리곤 한다.

외가에는 외할머니 혼자 사셨고, 논과 밭이 있어 엄마가 농사를 일구셨다. 외가에는 특히 감나무가 많았다. 내 기억에 7그루였다. 자두나무와 앵두나무도 많았다.

국민학교 3학년 때로 기억한다.

"남형아, 외가 할머니 뵈러 가자. 가다가 장에서 장대를 사서 들고 걸어간다. 외가에 있던 장대가 망가졌어."

내가 좋아하는 감을 따려면 장대가 필요했다. 나는 엄마를 따라나섰다. 이따금 엄마, 동생과 같이 8km 정도 거리인 외가까지 걸어가곤 하였다.

시장에 들러 장대를 샀다. 장대 길이로 보아서는 꽤 무거워 보였다. 시장을 조금만 벗어나면 시골길이 나온다. 가을이라 햇살이 너무 따사로웠다. 엄마는 한 손으로 내 손을 잡고 또 한 손으로 장대를 잡고 걸으시며 나에게 도란도란 이야기를 건네신다.

"남형이는 커서 뭐가 되고 싶니? 우리 둘째는 공부도 잘하고, 착하고, 엄마 말도 잘 듣고…, 외할아버지가 일찍 돌아가셔서 외할머니는 외로우실 거야. 자주 찾아뵈렴. 엄마는 초등학교 때 셈본(산수)을 잘했단다. 남형이도 산수를 잘하더라."

엄마와 나는 웃으며, 이야기 나누며 8km의 그 길을 걸어 외할머니 집으로 갔다. 중간중간 엄마는 나에게 동요도 불러 주셨다.

"엄마 장대 안 무거워?, 내가 들어 줄까?"

"너는 무거워 못 들어, 팔 빠진다."

엄마는 내 손을 꼭 잡고 걸으신다.

엄마는 키가 170cm였다. 그 당시에는 엄청 큰 키였다. 엄마는 그 큰 키와 긴 팔로 한 손에는 장대를, 한 손에는 내 손을 잡고 2시간 이상을 걸어 외가에 도착했다. 땀이 났고, 외할머니는 우리를 반갑게 맞아 주셨다.

그해 가을 그 장대로 감을 따 곶감을 만들고 침감을 만들었다.

엄마와 손을 잡고 걸었던 그날은 55년 엄마와 함께하며 지나온 날 중 가장 따뜻했던 추억의 하나로 남아 있다. 그 따스한 가을 햇볕과 엄마의 따스한 손, 엄마와 도란도란 나누었던 이야기, 이따금 그때 그 길을 걸어본다.

면사무소에서 신작로 큰길을 따라 걷다 보면 45년 전 그때 엄마가 나를 바라보시며 웃으시던 모습이 떠오른다. 지금도 그 길을 걷다 보면 그곳에 엄마가 계신다. 환하게 웃으시며···.

행복한 사람은 고맙고 감사한 추억으로 가득 찬 사람이라고 한다. 엄마로 인해 나는 행복한 사람이다. 그렇게 예쁜 추억을 만들어 주신 엄마에게 감사하다.
"엄마, 나와 손잡고 걸었던 그날 행복하셨죠?"

머리에 이고, 등에 업고

"아들아, 이 짐보따리 머리 위에 올려주렴." 들어보니 꽤 무거웠다. 엄마는 그 짐을 머리에 이고 그 좁은 산길을 걸어가신다. 할머니 집에서 버스 정류장까지는 먼 거리였다. 어릴 적 엄마를 떠올리면 늘 머리에 무엇을 이고 있는 모습이 생각난다.

엄마는 농사를 짓던 시댁과 친정을 오가실 때 한 손에는 내 손을 잡고, 한 손은 늘 머리에 이고 있는 물건을 잡고 계셨다. 머리에 이고 있는 것을 잡은 팔이 아프실 때는 오른손, 왼손 번갈아 가며 내 손을 잡아 주시곤 하셨다.

머리에 이고 있는 것은 무엇이었을까? 농산물이었다. 우리 가족을 위해 시골에서 수확한 호박, 오이, 고구마, 감자 등을 가지고 오셨다.

대학교 3학년 때 친구들과 둔치를 걷다 머리에 무엇을 이고 집으로 가시는 엄마를 보았다.

"엄마, 무거우면 들어줄까?"

"안 무거워. 친구와 놀다 오렴."

엄마는 다정하게 손을 흔들어 웃으시며 집으로 향하셨다. 그때 엄마의 환하게 웃으시는 모습을 아직도 기억한다. 머리에 무엇을 이고도 그렇게 환하게 웃어 주실 수 있는 엄마.

엄마는 이따금 나를 등에 업고, 고등어를 팔러 다니셨던 이야기를 하신다. "남형아, 너를 등에 업고, 고등어를 머리에 이고 장사를 했단다. 네가 내 등에서 꼼지락꼼지락할 때마다 엄마는 즐겁고 행복했지. 네가 나를 보고 웃어 줄 때는 세상 모든 시름 다 사라졌단다. 엄마는 지금도 환하게 웃던 그때의 너를 기억해."

막냇동생을 등에 업고, 머리에 광주리를 이고 다니시던 엄마를 어렴풋이 기억한다. 머리에 광주리를 이고 등에 업힌 막냇동생을 힐끗힐끗 보시며 웃으셨던 엄마, 엄마는 우리 오 남매를 그렇게 키우셨을 것이다.

1991년 아버지가 중고 승용차를 사시면서 엄마는 무엇을 머리에 이는 그 수고로움에서 조금이나마 벗어났다.

5년 전 엄마 허리 치료를 위해 서울의 큰 병원을 찾았을 때 의사는 "젊었을 때 농사로 너무 무리하셨어요. 수술 할 수는 있지만 어르신 몸이 그 수술을 감당하기 어려울 것 같아요."

지금 노환으로 병석에 누워계신 것은 한평생 머리에 이고, 등에 업은 그 무거운 것들이 몸의 총량을 다 쓰게 한 것이다. 5년 전부터 허리를 펴지 못하시는 것도 결국 그 무거운 것들 때문이다. 그 무거운 것에는 우리 오 남매도 포함될 것이다.

엄마 삶의 무게를 생각해 본다. 아주 무겁고, 버거웠을 것이다. 내가 감히 가늠하기 어려운 무게였다. 그 무거운 짐을 내려놓을 수도, 그 누구에게 맡기지도 못하셨던 엄마.

그 버거움 속에서도 엄마는 늘 웃음을 잃지 않으셨다. 그 무거운 짐을 이고 내 손을 잡고 걸으면서도 나를 보며 웃어 주셨다. 아마, 나를 등에 업고 고등어를 머리에 이고 다니면서도 웃으셨을 것이다. 내가 엄마를 존경하는 이유다.

"엄마, 나 등에 업고 다니실 때 좋으셨어요? 이제 머리에 이고 있던 짐들 내려놓으니 편하세요? 돌아가신 할머니가 엄마는 힘이 장사고 억센 사람이라고 하셨어요. 그 모든 힘을 우리 가족을 위해 쓰신 거잖아요? 너무 감사해요."

엄마는 내가 등에 업혀 있을 때 아무리 무거운 것을 들어도 힘들지 않았다고 하셨다. 엄마는 나 때문에 행복하셨을 것이다. 나의 엄마!

엄마와 함께한 추억들

엄마, 오늘은 태안 안면도 꽃지 해변을 걸으며 엄마와 함께한 추억들을 몇 가지 떠올려 보았어, 엄마도 기억할 거야.

♥ 내 머리에 이를 잡아 주었어요. 머리도 잘라 주셨지요.
 엄마, 나 어릴 적 내 머리에 이가 많았어. 늘 가려워서 손으로 늘 머리를 긁었지. 이따금 엄마가 큰 달력 깔아 놓고 참빗으로 내 머리를 썩썩 빗겨주면 이가 달력 위에 떨어졌지. 그러고는 빨랫비누로 내 머리를 감겨주었지. 1976년으로 기억해.

하얀 보자기를 목에 두르면 엄마가 가위로 머리를 잘라 주었어. 처음에는 촌스러웠는데 가면 갈수록 예뻤어. 엄마는 미용사를 했으면 좋았을 걸 그랬어.

♥ 달력으로 교과서 겉장을 만들어 주었어요.

초등학교 때 교과서는 표지가 얇아서 지나간 달력으로 표지 겉장을 만들었어. 엄마가 달력을 가위로 싹둑싹둑 잘라서 예쁘게 만들어 주시던 기억이 났어. 엄마가 만들면 예뻤어. 그리고 삐뚤삐뚤한 글씨로 표지에 '국어', '1학년', '김남형' 이렇게 적어 주셨어. "남형아, 공부 열심히 하렴." 하면서 웃어 주셨지.

♥ 엄마랑 고구마를 캤어요.

감이 익는 늦가을이면 산등성이 작은 밭에 심어 놓았던 고구마를 캤어. 엄마가 고구마를 캐면 나는 그 고구마를 광주리에 담았어. 지금도 호미로 밭이랑을 파면 큰 고구마 나왔던 기억이 생생해. 고구마를 캐고 돌아오면서 그 밭 가장자리에 있던 감나무에서 홍시를 따 먹던 기억도 나. 큰 홍시는 내가 먹고, 작은 홍시는 엄마가 먹었어. 엄마는 늘 그랬어. 좋고 큰 것은 늘 내가 먹었어. 그게 엄마였어.

♥ 찐빵과 칼국수, 고구마튀김을 해주셨어요.

엄마 요리 중 가장 맛있던 것이 찐빵과 고구마튀김, 그리고 칼국수였어. 팥을 수확하면 늦가을과 겨울에 찐빵을 자주 해 주셨어. 김이 모락모락 나는 찐빵을 설탕에 찍어 먹으면 세상 모두가 내 것 같았어. 고구마튀김도 고소하고 맛있었어. 바짝 구워 고소한 맛이 일품이었어.

우리 오 남매에게 모두 먹이려면 적은 양이 아니었을 텐데….

또, 밀가루 반죽을 홍두깨로 눌러 만든 칼국수도 일품이었어. 엄마가 홍두깨로 반죽한 밀가루를 꾹꾹 누르면 그 반죽이 편평하게 펴지는 것이 너무 신기했어. 하얀 밀가루가 늘 묻어 있던 홍두깨는 지금도 기억이 나.

♥ 소풍 때 엄마랑 같이 갔어요.

초등학교 때 소풍 전날 김밥을 싸주셨던 기억이 있어. 김밥을 못 하시면 달걀과 소시지로 반찬을 만들어 아주 예쁜 도시락에 담아주셨지. 농사일로 늘 바쁜데도 소풍을 같이 가 주신 엄마에게 감사해. 나의 담임 선생님이 엄마에게 인사하시며 내 칭찬을 하실 때 엄마가 "고맙습니다. 고맙습니다." 하시며 웃으시던 모습을 잊을 수 없어.

♥ 엄마랑 축구 보러 갔어요.

우리 강릉은 축구의 도시잖아요. 초등학교 때 엄마랑 손잡고 공설운동장에 축구 보러 갔던 기억이 많아. 아마, 아빠가 입장권을 주셨던 것 같아. 엄마는 축구 경기 보며 즐거워했어. 그리고, 아빠가 졸업한 고등학교를 늘 응원했어. 축구를 보고 집으로 돌아오는 길에 달걀 핫도그도 사 줬어. 내 주변에 엄마랑 축구 경기를 보러 간 친구는 나밖에 없어. 엄마, 멋져.

♥ 엄마랑 강릉 단오장에 갔었어요.

초등학교 때 엄마랑 단오장에 가면 맛난 것을 먹었어. 아이스크림, 음료수, 그리고 옷도, 운동화도, 양말도 사줬어. 서커스도 봤어. 그때 단오장 서커스단에서 보았던 호랑이, 사자, 코끼리, 원숭이는 지금도 기억 나. 엄마는 축제나 장터에 나를 자주 데리고 갔어. 다양한 삶이 가득한 곳이잖아. 고마운 경험이었어. 내가 잘살고 있다면 엄마와 같이했던 그 경험도 한몫했어.

♥ 운동회 때 나를 응원해 주셨던 엄마를 기억해요.

나는 달리기를 잘했어. 학년마다 대표 계주 선수였고, 달릴 때마다 1등을 했지. 계주 선수로 뛸 때 늘 중간 지점에서 엄마가 날 응원하고 있었어. 형은 오래달리기를 잘했지. 형도 늘 1등이었어. 우리가 운동을 잘한 것은 아버지 유전자야. 엄마는 초등학교 때 운동을 못해 힘들었다고 이야기했지. 아빠는 학창 시절 내내 달리기 선수였대.

♥ 비 오는 날 우산을 가지고 오셨어요.

고등학교 때 갑자기 비가 오는 날은 엄마가 학교로 우산을 가지고 왔어. 집에서 학교까지 꽤 먼 거리였는데…. 야간자율학습 전 저녁 시간에 늘 왔어. 우산을 주고 돌아가며 손을 흔들어 주던 엄마를 기억해. 아주 또렷이. 엄마 그때 엄마에게 이 말을 못 했어. "고맙고, 사랑해."

엄마, 지나고 보니 모든 것이 추억이야. 이것 말고도 기억을 끄집어내 보니 참 많은 추억이 있어. 55년을 엄마와 아들로 살아왔으니 얼마나 추억이 많겠어. 우리는 표현을 안 했을 뿐이지 지나고 보니 다 사랑이었어. 엄마가 나를 사랑했고, 나도 엄마를 사랑했어.

이제 엄마와 함께한 그 모든 추억을 끄집어내 차곡차곡 쌓아 가. 엄마와 이별하고 엄마를 볼 수 없을 때 그때 꺼내보려고 해.

엄마, 우리는 추억이 많아. 우리는 행복하게 잘 살았어. 다 엄마 덕분이야. 고마워.

강릉시 남문동 125번지

엄마, 우리가 살던 집 강릉시 남문동 125번지 기억나? 우리가 오랫동안 살던 집 주소야. 나는 그 집에서 초등학교, 중학교, 고등학교, 대학교 1학년까지 다녔어. 집 전화번호, 집 구조, 집 천장과 바닥, 부엌, 대문의 색깔, 담장의 높이까지 모두 내 기억 속에 자리하고 있어.

왜 나는 그 집을 그렇게 기억할까? 생각해 보았어. 나의 학창 시절을 관통하며 지낸 곳이었고, 추억이 많은 장소였어. 특히, 엄마와의 추억이 가장 많아 그런 것 같아.

우리 가족은 집에 올 때 정문보다 골목길을 돌아 후문을 주로 이용했어. 엄마는 키가 커 골목길에 들어서면 담장 위로 얼굴이 보였어. 담장 위로 엄마 얼굴이 보이면 기분이 좋았어.

얼마 전에 그 집을 가봤어. 집의 외형은 34년 전 그대로였어. 우리가 살 때 색채는 초록색이 주였는데 지금은 하얀색으로 바뀌어 있었어. 엄마가 그 집에 계신 것 같았어. 골목길을 걸었는데 엄마 생각이 났어. 큰 키로 골목길을 성큼성큼 걸어오셨던 엄마가 보고 싶었어.

옆집 담배 가게 할머니, 엄마랑 인사를 나누며 지내던 쌀가게 아주머니, 손자를 혼자 키우시며 늘 친절하셨던 뒷집 할머니 모두 기억이 났어. 그 집을 떠난 지 34년이 지났지만 마치 어제 같았어. 엄마는 주변 분들과 친하게 지냈어. 음식을 나누고, 마음을 나누어 드렸어. 그래서 그런지 그분들은 엄마를 참 좋아했었어.

강릉시 남문동 125번지, 방은 3칸이었어. 작은방은 춥고 좁아 방 2개에 7명이 생활했어. 그 집에서 우리 가족 7명은 서로 마주 보고 도란도란 나누며 행복하게 살았어.

오늘 그 집을 둘러보며 34년 전 우리 가족이 함께했던 그 시간, 엄마가 성큼성큼 골목길을 걸어오셨던 그 장면이 떠올라 한참이나 서성거렸어. 34년 전이 마치 어제 같았어.

강릉시 남문동 125번지, 그곳은 우리 가족이 서로 아끼고 사랑했던 공간이었어. 잊지 못할 거야.

감자전과 감자떡

지난해와 올해 강릉 단오장에서 초등학교 동창들과 감자전을 먹었다. 친구들은 단오 축제에 의례 감자전을 먹으러 가곤 한다. 강원도에서 자란 사람들은 누구나 감자전에 대한 추억이 있을 것이다.

단오장에서 먹어본 감자전의 맛은 늘 근사하다. 두께도 적정하고, 가장자리가 바싹하게 구워져 입맛을 더 댕긴다.

"우리 어릴 때 생각난다. 남형이 엄마가 감자전 정말

맛있게 잘해 주셨는데, 감자전이 엄청 두껍고 호박과 고추를 넣어서 정말 먹음직스러웠는데."

엄마의 감자전을 떠올려 본다.

엄마는 7월쯤 수확해 농협에 판매하고 남은 감자를 비료 포대에 담아 두셨다가 가을이 오면 그 감자를 꺼낸다. 감자를 예쁘게 깎아 강판에 가신다. 지금 강판은 예쁜 모양의 플라스틱으로 되어 있지만 그때 엄마가 쓰던 강판은 나무로 덧댄 철판 강판이었다. 나도 엄마도 감자를 갈다가 손을 다친 적도 있었다. 엄마는 강판에 감자를 갈 때 구슬땀을 흘리곤 하셨다. 또 엄마의 버릇인 혀를 내밀기도 하셨고, 노래를 흥얼거리기도 하셨다.

석유풍로에 프라이팬을 올리고 콩기름을 뿌린 다음 강판에 간 감자와 호박, 고추, 부추를 섞어 두툼하게 올린다. 고소하게 타는 냄새와 함께 구워낸 감자전을 간장에 찍어 먹으면 정말 맛있었다. 맛있게 먹는 나를 보고 엄마는 늘 활짝 웃으셨다.

한겨울에는 감자녹말로 만든 감자떡을 해주기도 하셨다. 팥이 들어간 특유의 향을 내는 감자떡을 지금도 기억한다. 송편을 빚듯이 손으로 꾹꾹 눌러 감자떡을 만들던 엄마의 그 아름다운 손길을 기억한다.

나는 아들과 둘이 살 때 감자전과 메밀전을 사 먹곤 하였다. 아들은 감자전과 메밀전을 좋아한다. 아들이 그것을 맛나게 먹는 것을 보며 늘 흐뭇했다. 엄마도 감자전을 맛나게 먹던 나를 보며 행복했을 것이다.

가을과 겨울로 이어지며 감자전과 감자떡으로 엄마는 나에게 사랑을 건네주셨다. 이제 다시는 엄마의 그 감자전, 감자떡 맛을 느끼지 못할 것 같아 허허롭다.

엄마의 사랑이 감자전과 감자떡에 가득했었다.

무서운 밤

나와 내 동생은 얼마 동안 할머니가 키워주셨다. 내가 7살 때였다.

막내 삼촌 육군사관학교 졸업식으로 기억한다. 할머니, 할아버지가 아침 일찍 서울로 가시며 "밥은 아랫목에 있으니 동생 잘 돌보고 있으렴, 밤이 늦어야 돌아온다."라는 말을 남기셨다.

두 살 아래 동생과 나는 여느 때처럼 자연을 벗 삼아 하루를 보냈다. 해가 질 무렵 할머니가 돌아오실 것 같아 동생과 마중을 나갔다. 늘 할머니를 기다리던 큰 바위에 앉아 동생과 손을 꼭 잡고 할머니를 기다렸다.

할머니는 오지 않으셨고, 어느새 밤이 되었다. 갑자기 무서웠다. 동생은 울기 시작했고, 나는 동생 손을 꼭 잡고 그 어둠을 헤치고 집으로 돌아왔다. 돌아와 보니 건넛마을 아저씨께서 소에게 여물을 주러 오셨는데 저녁까지 챙기고 가시면서 "할머니 곧 오실 거야, 그러니 일찍 자렴."

건넛마을 아저씨로 무서움은 덜 했지만, 아저씨가 돌아가신 후 금세 두려움이 찾아왔고, 동생은 "할머니 언제 와?"라며 계속 울었다. 나와 동생은 저녁을 먹는 둥 마는 둥 하고 밤이 주는 두려움을 이겨내는 데 온 힘을 다했다.

두메산골의 겨울은 추웠고 밤은 길었다. 바람이 불 때면 집 주변의 대나무 숲에서 들려오는 스산한 소리는 머리카락을 쭈뼛거리게 했다. 동생은 밤에 집 밖 화장실을 못 갈 정도로 밤을 무서워했다. 계속 울던 동생은 지쳐 잠이 들었고, 나는 우두커니 할머니를 기다렸다. 잠자던 동생은 일어나 또 울기 시작했다.

밤이 무서워 울고, 할머니가 없어 서러워 울고, 동생이 우니 나도 울고, 내가 우니 동생도 울고 동생과 나는 그렇게 울다 잠이 들었다.

한참을 잤을까? 깨어보니 아침이었고 할머니가 웃으시며 우리를 쓰다듬어 주고 있었다. 그리고, 우리가 좋아하는 과자를 한 다발 사 오셨다.

동생과 나는 어젯밤의 그 무서움은 새카맣게 잊고 낄낄대며 과자를 연실 입안으로 넣었다. 마치, 할머니 없는 밤의 두려움을 이겨낸 대가로 포상이라도 받은 듯.

지금도 두메산골 그 집을 갈 때마다 어두운 밤 동생 손을 잡고 걸었던 그 길, 스산하고 두려웠던 그 밤을 떠올리곤 한다. 엄마를 대신해 우리를 정성으로 키워주신 할머니도 떠올린다.

할머니는 동생과 나를 보며 늘 말씀하셨다.

"우리 강아지 어서어서 엄마에게 가야 하는데."

아픈 엄마를 뵈며, 하늘에 계신 할머니 생각을 한다.

"할머니, 정성으로 키워주신 그 은혜 잊지 않을게요."

3 / 아주 오래된 흔적

아픔

엄마 얼굴이 하얘지는 이유

"엄마, 얼굴이 많이 하얘지셨어요?"

요양원에 누워계신 엄마를 보니 예전보다 얼굴이 하얗게 변했다.

늘 검게 그을린 엄마 얼굴만 보다 왠지 낯설었다. 생경했다.

"이제 밭에 안 나가잖아. 그러니 햇볕 쐴 일도 없고."

엄마는 늘 햇볕을 쐬며 논과 밭에서 일하셨다.

그러다 보니 엄마의 피부는 늘 검게 타 있었다.

난 엄마 피부가 원래 그런 줄 알았다.

엄마가 화장하는 모습을 언제 봤을까?

기억이 없다.

엄마가 예쁜 옷을 입고, 구두를 신고 나들이 가는 모습은 언제였을까?

기억이 없다.

엄마가 근사한 저녁을 먹었다는 이야기를 들어보았던가?

기억이 없다.

엄마는 엄마 삶의 여행길을 어떻게 기억하실까?

나는 왜 엄마 삶의 여행길에 근사한 추억 하나 남겨드리지 못했을까?

내일 엄마 뵈러 요양원에 갈 때 화장품 하나 사드려야지.

그것 하나라도 기억에 남겨야지.

부엌에서 혼자 식사하신 엄마

내 기억 속에 애틋하게 남아 있는 엄마의 모습 하나.

부엌에서 혼자 식사하던 엄마.

그 모습이 왜 그리도 선명하게 남아 있을까?

그리고, 나는 왜 그 모습이 그리도 애틋했을까?

평생 외로웠을 엄마.

고향에 혼자 계신 엄마의 엄마를 모셨고,

고향의 논과 밭을 혼자 일구셨고,

아픔으로 명절에 오지 않는 나를 쓸쓸히 기다렸을 엄마

학교 청소 근로자로 혼자 일하시는 모습을 본 후

고랭지 밭 일용근로자로 새벽길을 나서는 엄마의 뒷모습을 본 후

일을 마치고 집에 돌아와 혼자 쓸쓸히 식사하시던 엄마를 본 후

"엄마는 외로운 분이구나. 내가 엄마를 외롭게 했구나."

이제 다시는 엄마와 마주 앉아 식사할 수 없다. 그래서 슬프다.

다시 그 시절로 돌아가면 엄마와 마주 앉아

도란도란 이야기 나누며 엄마와 밥을 먹고 싶다.

엄마의 그 지독한 외로움을 이제야 느낀다.

모정의 세월, 고향역, 전선야곡

 엄마, 오늘도 산책하면서 노래 '모정의 세월, 고향역, 전선야곡'을 흥얼거렸어. 엄마, 아빠와 같이 서울 병원을 다녀오며 내가 차 안에서 엄마를 위해 불러드린 노래야.

 고향 역에 "흰머리 날리면서 달려온 어머님을 얼싸안고 바라보았네", 모정의 세월에 "흰머리 잔주름은 늘어만 가시는데 한없이 이어지는 모정에 세월", 전선야곡 "정안수 떠 놓고서 이 아들의 공비는 어머님의 흰머리가 눈부시어 울었소." 특히 이 가사를 좋아해. 노래방 가면 엄마 생각하며 자주 불러. 산책하며 혼자 부를 땐 눈물도 나.

엄마가 나를 위해 얼마나 기도하셨는지 나는 알아. 내 아픔을 그 누구보다 잘 아는 엄마가 나보다 더 아파했을 거로 생각해. 그래서 늘 엄마에게 미안했어. 그럴 때마다 저 노래와 저 가사를 흥얼거렸어. 엄마의 흰머리를 볼 때마다 저 노래를 불렀어.

얼마 전 연구 모임 저녁 자리에서 엄마 생각이 나 전선야곡을 멋지게 불렀더니 사람들이 나보고 효자래. 아들이 엄마 생각하며 노래를 부르는 것 자체가 효라고 했어.

엄마 고향인 상시동에서 엄마랑 같이 농사일할 때 내가 노래 부르면 엄마가 손뼉을 치던 기억이 나. 나는 가요를 엄마는 동요를 불렀어. 그때 나는 '유정 천리'와 '고향무정'을 부른 것 같아. 엄마와 내 노래, 엄마와 나의 웃음이 하늘로, 마을로 퍼졌던 그 추억은 잊을 수 없어.

마지막 바람이 있다면 엄마, 아빠 구순 잔치에서 또

는 요양원에서 퇴원하여 본가로 돌아오시는 날 저 노래를 불러드리고 싶어. 그때 노래를 부를 때는 눈물이 나지 않았으면 좋겠어.

　엄마와 이별하고 나면 가장 기억에 남는 것 중 하나가 바로 엄마랑 노래를 불렀던 것과 엄마를 그리며 노래를 흥얼흥얼했던 것이 아닐까 해. 엄마로 인해 부른 노래만으로도 나는 행복했어. 엄마도 행복했을 거야.

여보, 나 하늘나라 가면 꼭 안아줘요

"당신 하늘나라 가고 난 후 너무 힘들었어요. 나 하늘나라 가면 나 꼭 안아줘요."라고 말씀하시며 어르신은 우셨다. 지난해 어르신 자서전 쓰기 사업을 할 때 뵈었던 87살 어르신을 기억한다. 한글을 배우지 못해 인터뷰를 통해 자서전을 작성하였다.

2남 2녀의 자식 중 아들 둘은 일찍이 하늘나라로 가셨고, 남편은 낙상사고로 30년을 앓다가 17년 전에 하늘나라로 떠나셨다고 한다. 따님 한 분은 신장 투석을 받고 계시며, 고등학생인 손녀딸을 홀로 키우고 계셨다. 삶의 아픔이 폭포처럼 흘러내리시는 분이었다.

내가 집을 방문하면 따뜻한 차 한잔을 내주시던 어르신. 살아온 날들을 나에게 들려주시며 "이 촌구석까지 와 내 이야기를 들어주어서 고마워요. 살아온 이야기를 하다 보면 자꾸 눈물이 나요. 미안해요."

살아오신 87년을 차분하게 이야기하시며 때로는 환하게 웃으시고, 때로는 긴 한숨을 내쉬며, 때로는 눈물을 흘리셨다. 특히, 아드님 두 분이 하늘나라로 가셨을 때, 남편분이 소천하셨을 때의 아픔을 이야기하실 때 많이 우셨다.

남편분이 돌아가시고 17년 동안 시골집에서 손녀딸과 살아온 이야기를 하실 때 '진정한 외로움은 이런 것이 아닐까? 한으로 응어리진 외로움' 그 외로움을 그림으로 그려내셨고, 어르신이 그린 그림을 보며 한 인간의 아픔을 정면으로 바라보았다.

"아들에게도 남편에게도 미안하지요. 엄마로, 아내로 아무것도 해준 것이 없어요. 아들도 남편도 꿈에 나타

나면 저는 그저 미안하다는 말만 합니다."

5번의 인터뷰에 3번은 내가 먼저 울었고, 2번은 어르신이 먼저 우셨다. 마지막 인터뷰는 나도, 어르신도 너무 눈물이 나 인터뷰를 겨우겨우 마무리하였다.

인터뷰를 마무리하면 늘 집 앞 멀리까지 마중을 나오신다. 그리고 손을 흔들어 주셨다. 마지막 날 인터뷰를 하고 할머니 배웅을 받을 때부터 차를 타고 돌아오는 내내 눈물이 났다. 그날 나의 일기에 "어르신 그간 살아오시면서 너무 애쓰셨어요. 남은 생, 손녀와 행복하세요. 그리고 하늘나라 가시면 남편분께서 꼭 안아주셨으면 좋겠습니다."라고 기록하였다.

지난해 어르신들 자서전을 쓰면서 느낀 것은 우리는 모두 지구보다 더 크고 우주만큼 크기의 사연을 가지고 있다는 것, 다만 그 아픔과 사연을 마음속에 품고 꺼내지 않는다는 것이다.

"나의 아픈 이야기를 들어주어서 고마워요. 살아오면서 내 한평생을 이야기한 것은 처음입니다. 그 이야기를 들어준 사람도 선생님이 유일합니다. 이제 더는 여한이 없습니다. 그저 고맙습니다."

지난해 어르신 11명의 자서전을 쓰면서 '한 사람의 삶이란 것이 이렇게 어마어마하구나.'라는 것을 보고, 느끼고, 깨달았다.

오늘 아침은 어르신의 눈물과 집 앞에서 손을 흔들며 보내주신 환한 웃음을 떠올린다.

"어르신, 남은 생 행복하세요."

엄마가 누워 계셨던 침대에 누워

엄마, 엄마가 늘 누워계셨던 침대에 누웠어. 아빠가 늘 혼자 주무셔서 걱정되어 오늘은 본가에서 아빠랑 자려고 왔어. 사실 엄마가 요양원으로 가시고 난 후 아빠도 걱정이 돼. 이제 90살을 바라보는 아빠가 엄마 없는 외로움을 잘 이겨내실지 신경이 쓰여.

엄마는 아픈 이후로 늘 안방의 침대에 누워 계셨어. 내가 집에 가면 누워계신 채로 "우리 둘째 왔냐?" 하며 늘 반겨주셨지. 언제부터인가 대문을 열고 집에 들어서는 나에게 현관문을 열어주시던 엄마보다 누워계신 엄마가 더 익숙해졌어.

안방에 누워계시면서 안방 문을 열어 놓고 거실에 누워계신 아빠랑 다정하게 대화하는 모습을 보면서 '사랑하는 사람과의 대화는 마주 보고하지 않아도 저렇게 정겹구나.' 하는 생각을 한 적이 있어. 엄마와 아빠가 서로 아끼고 기대며 살아온 지난 60년의 세월은 어쩌면 '서로가 마음을 나누고 살았구나.' 하는 생각을 했어.

엄마 침대 머리맡에는 우리 가족 사진이 있어. 우리 오 남매 사진과 손주 사진까지 정갈하게 정리해 놓았어. 나는 나의 아들, 딸 돌사진을 어디에 보관하고 있는지 모르는데 엄마는 25년이나 된 사진을 액자에 넣어 마치 어제 일처럼 그렇게 보관하고 전시했어.

엄마 침대에 누우니 참으로 평온했어. 엄마는 여기에 누워 무슨 생각을 했을까? 머리맡에 있는 우리 오 남매와 손주 사진들을 보며 또 무슨 생각을 했을까? 아마, 엄마는 우리 오 남매와 손주들을 위해 늘 기도했을 거야. 난 엄마가 늘 나를 위해 기도하고 있는 것을 알아.

엄마 생각을 하다 스르륵 잠이 들었고 새벽에 깨었어. 아빠가 거실에서 단잠을 주무시고 계셔서 아빠가 깨실까 봐 침대에 앉아 안방에 있는 엄마의 흔적들을 한참이나 봤어. 오 남매 초·중·고등학교 졸업앨범, 생활기록부, 우리 어릴 적 사진이 담긴 사진첩, 재봉틀, 옷장, 이불, 이동식 변기, 그리고 엄마가 작성한 가계부와 장부….

나 초등학교 3학년 때인 1979년 4월 가계부에 '남형이 줄넘기, 공책 300원'이라고 적혀 있는 것을 보고 한참이나 웃었어. 매달 아빠 봉급과 엄마가 농사지으며 벌어온 수입과 우리 오 남매가 지출한 내역을 빼곡히 적어 놓으신 것을 보며 참으로 정성 들여 사셨던 엄마를 보며 감사했어.

지금도 기억나지만, 그 당시 엄마는 은행 적금보다 계모임을 통해 목돈을 마련하곤 하셨어. 그 계모임과 곗돈 장부도 보았어. 엄마가 돈에 대해 얼마나 정성을 들였는지 한 눈으로 볼 수 있었어.

가계부에는 엄마의 그날 생각들이 적혀 있었어. '우

리 남형이 공부 열심히 해 전부 수, 우 받아 고맙다', '운동회 남형이 달리기 1등'.

엄마, 엄마의 85년 애쓰며 살아오신 날들이 기적 같아. 엄마 침대에 누워 있으면 애틋한 엄마의 삶이 손에 잡힐 듯해.

억울해서 울지 않는 것

슬픔 속에서도 울지 않는 것, 억울해서 울지 않는 것

걱정할 수밖에 없는 상황 속에도 걱정하지 않는 것

사랑할 수 없는 사람조차도 사랑하며 품어주는 것

용서할 수 없는 사람일지라도 용서하여 주는 것

어떠한 자기주장도 버리고 오직 모든 것을

주님 뜻에 맡기며

내가 강한 것이 아니라 주가 강함을 보여 줌이

진정한 겸손

엄마, 내가 교회에서 호산나 찬양대 대원인 것 알지? 얼마 전 주일예배에서 찬양곡으로 부른 '겸손'이란 복음성가야. 주일예배 때 찬양을 위해 이 곡을 준비하는데 계속 눈물이 났어. 아마, 내가 요즘 이별로 아주 아프잖아 그 아픔이 가사에서 묻어 있고 그 가사가 내 마음속으로 들어온 것 같아. 독감이 심하게 걸려 연습만 하고 결국 주일예배에 찬양하지 못했어. 그나마 다행이야 성도들 앞에서 찬양하면서 울면 안 되잖아.

　'겸손' 복음성가를 부르며 엄마 생각이 많이 났어. 가사의 모든 것들이 엄마의 삶을 이야기하는 것 같아 더 그랬던 것 같아. 엄마 삶을 3단어로 표현하라고 하면 '사랑', '용서', '겸손' 일 거야.

　엄마, 엄마가 늘 말했던 것처럼 나를 아프게 한 사람들 이제 다 용서했어.

　그리고, 평온이 찾아왔어. 그동안 아주 억울했던 것 같아. 그래서 더 많이 울었어. 그렇게 실컷 울고 났더니 웃음이 찾아왔어.

　문뜩, 엄마는 나보다 더 억울했던 일이 많았을 텐데

그 무엇도, 누구도 미워하지 않는 엄마를 보며 나를 돌아보곤 해. 이제 그 어떤 슬픔이 와도, 억울한 일을 당해도 하나님께 기도드리고 엄마 생각하며 잘 이겨낼 수 있을 것 같아.

늘 환하게 웃는 엄마의 얼굴에서 하나님을 떠올리곤 해. 이제 엄마를 닮고 싶어. 아들이 엄마를 닮는 것은 자랑스러운 일이잖아. 맞지 엄마?

인제 그만 죽고 싶다

"남형아, 이제 그만 죽고 싶다."

요즘 들어 부쩍이나 요양원에 가면 엄마가 나에게 자주 하시는 말씀이다. 이제 몸의 총량을 다 쓰시고, 이가 없어 드시고 싶어도 못 드시는 엄마. 고관절을 다치시고 병원에서 치료가 어려워 부득이 요양원으로 가셨다. 그렇게 가기 싫어했던 요양원으로….

엄마는 더 이상 아빠가 엄마로 고생하시는 것을 싫어하셨다. 나에게 늘 말씀하셨다.

"나 때문에 고생하시는 네 아빠에게 미안하다. 인제 그만 죽어야 하는데."

엄마는 퇴원하시고 요양원으로 가시면서 이제 살날들이 얼마 남지 않은 것을 알고 계신 것 같았다. 그나마 다행인 것은 요양원이 아늑하고 좋다고 하셔서 다행이다. 요양원 원장님, 간호사님, 사회복지사님 모두 친절하고 편하게 대해 주셔서 늘 고맙다고 하신다.

최근 들어 친구와 후배 몇 명이 뇌졸중과 뇌출혈로 쓰러졌다. 재활병원에서 병문안으로 뵈었던 후배 아내는

"누워 있는 남편이 나에게 하고 싶은 말이 있을 건데 그 말을 듣고 싶어요. 하고 싶었는데, 못 했던 일들도 있을 건데 그거라도 하고 하늘로 갔으면 좋겠어요."

엄마는 아빠와 우리 오 남매에게 하고 싶은 말을 다 하셨는지 궁금하다. 행하고 싶었는데 이루고 싶었는데 하지 못한 것들이 있는지 궁금하다. 엄마 자서전을 쓰면서 여쭈었지만, 엄마는 늘 하시던 말씀만 하셨다.

"남형아, 엄마는 먹고살기에 바빴다. 내가 무슨 여한이 있고, 할 말이 있겠니, 그저 고맙다는 말밖에…."

"남형아, 인제 그만 죽고 싶다."

엄마의 그 말속에, 삶에 대한 애착이 있기를 기도한다. 하늘나라로 가시기 전에 나에게 하고 싶은 말씀이 있을 것이다.

나는 아직도 이것을 엄마에게 여쭙지 못했다. 아니, 어쩌면 영원히 묻지 못할 것 같다.

"엄마, 사시는 동안 나 덕분에 행복했어요?"

엄마가 나와 영원히 이별하는 날,

"남형아, 엄마는 너로 인해 행복했다. 네 엄마여서 참 행복했다."

그 말씀을 남기고 가셨으면 좋겠다.

나는 이제 차분하게 엄마와 영원한 이별을 준비한다.

휠체어를 끌며

 엄마를 모시고 아빠와 같이 병원에 도착하였다. 병원 입구에 차를 대면 아빠는 휠체어를 가져오시고 병원 도우미께서 엄마가 차에서 내리는 것을 도와주신다. 나는 주차를 하고 병원으로 들어가 엄마의 진료를 돕는다.
 공직에 있을 때 휠체어 경험을 해본 적이 있다. 덩치가 큰 나는 휠체어가 영 불편하였다. 복지시설에 봉사활동을 다니면서 어르신의 휠체어를 밀어준 적이 있었다. 뒤를 보며 나에게 환하게 웃어주던 어르신….

엄마는 이제 휠체어가 없으면 이동이 불가능하다. 휠체어는 누가 도와주어야 이동하기 편리하다. 지금은 아빠와 내가 그 일을 하고 있다. 병원에 다녀올 때는 아빠와 내가 같이 가야 한다. 병원 현관에 정차하고 아빠가 휠체어를 가져와 나, 아빠, 도우미까지 3명이 엄마의 진료를 도와주어야 한다.

키 170cm에 건장했던 엄마는 휠체어, 아빠와 나의 도움을 받아야 병원을 갈 수 있는 몸이 된 것이다. 휠체어를 타신 엄마는 아가가 된 것 같다. 복지시설에서 휠체어를 끌어주는 나를 보며 환하게 웃어주시던 그 어르신처럼….

이제 요양원에서 휠체어에 앉아계신 엄마가 어색하지 않다. 어르신 보행기를 끄셨던 엄마가 너무 어색했고, 휠체어에 앉아계신 엄마가 너무 낯설었지만 이제 아가가 되신 엄마를 보며 살아계신 것만으로도 감사하다.

휠체어에 앉아계시면 힘이든지 꾸벅꾸벅 조신다. 얼마 전 검진을 위해 찾은 병원에서 엄마는 나에게

"남형아, 이제 휠체어 그만 타고 싶다. 병원도 그만 오고 싶구나."

엄마는 그렇게 건강했던 몸이 이제 아무것도 할 수 없음을 알고 난 후 오는 자괴감을 나에게 이야기하는 것 같았다.

어릴 때 내 손을 잡고 걷던 엄마는 천하장사 같았다. 농사를 지으며 감자 한 포를 머리에 이고 다닌 엄마는 여장부였다. 오늘 휠체어에 앉아계신 엄마를 보며 나 어릴 적 여장부였던 엄마를 떠올렸다.

아빠의 딸이 되신 엄마

"짜파게티 해줘요, 한라봉 까줘요, 단팥빵 사 와요."

엄마가 아빠에게 하시는 말이다. 아프신 엄마는 아가가 되었다. 엄마는 혼자 힘으로 하실 수 있는 것이 없다. 엄마는 아빠의 어린 딸이 되었다.

85살 엄마는 88살 아빠가 없으면 안 된다. 엄마가 노환으로 아프신 후 아빠가 엄마를 돌보신다. 평일 낮에 간병인이 잠시 왔다 가지만 결국 엄마의 병시중은 아빠 몫이다. 자식들은 그저 잠시 들러 얼굴 뵙는 것이 전

부일뿐….

　엄마 자서전을 쓰며 엄마에게 "엄마, 아빠 좋아해?"라고 물었더니, 엄마는 "아들아, 네 아버지 없었으면 난 벌써 죽었다. 네 아버지는 내 생명의 은인이란다."

　엄마의 아빠 사랑을 본다.

　엄마를 화장실에 데리고 가고, 목욕시키고, 아침·점심·저녁을 챙기고, 이발까지…. 그리고 가장 중요한 엄마의 말동무가 되어 주시는 아빠. 두 분이 정겹게 대화 나누는 것을 볼 때마다 세상의 모든 평화는 우리 집에 있는 것 같다.

　엄마를 돌보면서 힘들다고 내색하지 않는 아빠, 그런 아빠를 보며 진정한 부부가 무엇인지 본다. "부부는 서로를 닮아 간다."라는 이야기를 들은 적이 있다. 나의 엄마, 아빠가 그런 것 같다. 그 누구도 탓하지 않는 삶. 오로지 본인의 역할에 집중한 삶.

　85년을 살아오면서 우리 가족을 위해 죽을힘을 다하신 엄마, 내 기억에 엄마 삶을 한 단어로 정의하면 '간절함'이다. 이제 몸의 에너지를 다 소진하셨기에 살아계신 것이 신기한 엄마, 그리고 다시 아가로 돌아가신 엄마, 아가가 된 엄마를 극진히 모시는 아빠.

 엄마, 아빠는 하늘나라에 가서도 부부로 살았으면 좋겠다.

엄마를 기다렸어

"엄마 언제 와?"

"오늘 오시면 좋겠다."

깊은 산골에서 동생과 나는 늘 엄마를 기다렸다.

아빠가 공직에 입문하고 우리 가족은 조부모님과 살았던 두메산골에서 시내로 분가했다. 집안 형편으로 오남매를 모두 데려가지 못하고 7살 나와 5살 내 동생은 할머니에게 맡겨졌다.

할머니는 우리를 많이 아껴주셨지만, 엄마가 늘 그리

웠다. 동생과 나는 엄마가 늘 오시는 길로 나가 우두커니 한참 동안 기다리곤 했다. 어떤 날은 더 멀리 또 더 멀리 나가곤 하였다. 기다리면 엄마가 올 것 같았다.

그렇게 기다리다 엄마가 오는 날은 엄마에게 달려간다. 그러면 엄마는 우리 둘을 안아주었다. 그리고, 과자를 내주시며 "할머님 말씀 잘 듣고 잘 있었니?" 하고 물으신다. 우리는 웃으며 "응"하고 대답한다.

엄마는 시부모님의 농사일을 도우러 오셨다. 엄마가 논·밭에서 농사일하실 때 우리는 일하시는 엄마 곁에서 놀았다. 떨어지지 않았다. 아마, "오늘은 엄마가 우리를 데려갈 거야."라는 생각으로….

점심을 같이 먹고, 해가 저 산으로 넘어갈 즈음 엄마는 세수하시며 돌아갈 채비를 하신다. 그때부터 동생과 나는 우울해진다. 금방 울음보가 터질 것 같다.

엄마가 채비하고 나서면 우리도 엄마를 따라간다. 한참을 가다 엄마는 우리들의 손을 잡아주시며 "내일 또 올게." 하고 성큼성큼 가신다. 키가 큰 엄마의 발걸음은 빨랐다. 엄마가 눈에 사라지면 동생과 나는 "엄마"

하고 울었다.

아들 둘을 그곳에 두고 가시는 엄마의 마음과 엄마를 따라가려는 동생과 나의 그 마음이 산으로 퍼지고 들로 퍼졌다. 안타까움으로….

엄마를 보내고 시골집으로 돌아오면 늘 할머니가 우시며 우리를 쓰다듬어 주셨다. 지금도 이따금 찾는 엄마와 늘 이별했던 두메산골의 그 산등성은 그때 우리들의 안타까운 마음을 그대로 간직하고 있다.

엄마는 늘 말씀하셨다. "초등학교 갈 때 엄마랑 같이 살자. 그때까지 기다려 줄 수 있지?" 그리고, 엄마는 그 약속을 지키셨다.

병석에 누워계신 엄마를 보며, 두메산골에서 동생과 같이 엄마를 기다리고, 엄마와 헤어지는 그 안타까운 시간을 떠올린다. 엄마가 우리를 보기 위해 두메산골로 오실 때 그 설렘과 우리를 그곳에 두고 가실 때 그 아득함을 떠올린다. 뒤도 돌아보지 않으시고 가셨던 엄마의 마음은 나와 내 동생의 마음보다 많이 아팠을 것이다.

고속버스에서 눈물을 흘렸던 날

고속버스 차창 밖으로 엄마가 보였지만 고개를 돌렸다. 그리고 하염없이 눈물이 났다. 엄마의 아들로 살았던 지난 55년 가장 슬펐던 날로 기억한다.

1989년 20살 재수할 때 여름이었다. 서울에서 한 달에 한 번 엄마를 뵈러 고향으로 갔다. 엄마와 아빠가 보고 싶었고, 엄마가 해주시는 된장찌개도 먹고 싶었다.

엄마를 보고 서울로 올라오던 날 아침, 돈 때문에 엄마랑 다투었다. 학원 등록으로 돈이 필요했는데 엄마는 "남형아 미안하다. 엄마는 더 이상 여력이 없구나." 라는 말에 나는 엄마에게 화를 내고 고속버스 터미널로 향했다.

터미널로 가는 내내 엄마에게 섭섭하고 또 화를 내 미안했다. "다시 집으로 돌아가 엄마에게 사과드릴까, 아니야, 서울 가서 내일 전화로 사과드려야지." 하며 버스에 올랐다. 그리고 창밖을 바라보았다.

엄마가 터미널에서 두리번두리번 나를 찾고 계셨다. 급히 나를 뒤쫓아 오신 것이다. 순간 나는 고개를 돌렸다. 엄마 얼굴을 볼 자신이 없었다. 버스는 출발하였고, 엄마는 나를 보셨는지 손을 흔드셨다. 버스가 출발하면서 비가 내리기 시작했다.

서울로 가는 버스에서 나는 내내 울었다. 옆좌석에 계신 분이 괜찮냐고 물어볼 만큼 울었던 것 같다. 그날 밤 엄마의 손 흔드는 모습이 떠올라 고시원에서 한잠도 이룰 수 없었다.

다음날 엄마에게 전화드렸다.

"엄마, 미안해. 너무 미안해."

이제 와 엄마의 그 마음을 가슴 깊이 느낀다. 지원을 해주지 못하는 그 마음이 얼마나 미안하셨으면 터미널까지 오셨을까? 손을 흔들어 미안한 마음을 건네주셨는데 대답하지 않고 떠난 아들이 얼마나 야속하셨을까? 또 버스 안에서 울고 있을 아들을 생각하며 집으로 돌아가시는 그 마음이 얼마나 무거웠을까?

그날은 내 생에 가장 아팠던 날로 멍울로 남아 있다. 이제 병석에 누워계신 엄마를 보며 다시금 후회한다.

"엄마, 미안해". 버스 안에서 엄마에게 "미안해, 터미널까지 와서 고마워." 하고 손이라도 흔들어야 했는데, 지금 와 후회하는 아들을 용서해.

"바보 같은 아들은 엄마의 그 큰 사랑을 이제야 느끼고 깨달았어"

희망과 절망 사이

"희망은 사람을 살리기도 하고 죽이기도 합니다." 내가 기후 위기, 생물다양성 등 각종 강의 때 자주 쓰는 말이다. 인문학 강의인 이순신 리더십과 은퇴 후 후회하는 것들에 대한 강의는 제목 자체가 '희망과 절망'이다.

엄마의 자서전을 쓰면서 엄마의 희망과 절망을 생각해 보았다.

자서전을 쓰기 위해 인터뷰를 하는 내내 엄마는 "그때는 너무 좋았지"라며 희망을 이야기하셨고, "손이 벌

벌 떨려서 마음속으로 빌었단다."라며 절망을 말씀하셨다. 내가 엄마에게 적지 않게 절망을 주었던 것을 알았던 날, 아주 슬펐다. 아버지께서 엄마가 나로 인해 마음고생을 많이 하셨다는 말씀을 해 주신 날, 나는 밤새 엄마를 위해 기도를 드렸다.

"남형아 네가 대학교 수석 합격 했을 때 하늘을 날아가는 기분이었다.", "네가 공무원으로 양복 입고 첫 출근 하던 날 그렇게 의젓해 보이더구나.", "네가 사랑하는 사람을 집에 데려오던 날 엄마는 음식을 차리며 노래가 절로 나왔단다.", "40대 중반의 나이에 어려운 자격증 시험에 합격했다고 전화 왔던 날, 은퇴와 관련한 책을 출간해 나에게 내밀던 날, 너무 기뻐 너 아버지와 나는 밤새 잠을 이루지 못했다."

내가 엄마에게 희망을 주었다.

"네가 사관학교 시험 3차에서 불합격했을 때, 한참이나 남은 공직에서 퇴직한다고 했을 때 엄마는 너를 위해 기도했단다.", "특히, 아내와 헤어진다고 했을 때 온 가슴을 쓸어내렸다. 그때는 몸과 마음을 진정시킬 수 없을 만큼 아팠단다."

엄마에게 절망을 주었다.

"둘째야 너는 어릴 때부터 유독 엄마를 좋아했단다. 엄마는 너 손잡고 다닐 때 참 행복했단다. 그리고 너는 항상 엄마의 기대에 부응했지. 어디에서 무슨 일을 하든 늘 칭찬받는 네가 자랑스러웠단다. 너는 나의 희망이었다."

"네가 새로운 도전에 실패했을 때, 이별의 아픔으로 한참이나 집에 오지 않았을 때 엄마는 밭에서 일하며 몇 번이나 주저앉곤 하였다. 너 어릴 적 손잡고 걸었던 신작로 그 길을 걸을 때 늘 너를 위해 기도했단다. 너의 아픔이 나의 아픔이었다."

엄마가 노환으로 자리에 몸져누우신 것은 어쩌면 내가 드렸던 아픔이 마음의 병으로 나타난 것이 가장 큰 원인임을 나는 알고 있다. 나로 인한 아픔이 온몸으로 흘러내렸고, 그 아픔을 이겨내시는데 온몸을 써야 했을 엄마, 이제야 엄마의 아픔을, 절망을 정면으로 바라본다.

"둘째 아들아, 너도 얼마나 애쓰며 살았겠니? 죽을힘을 다해 그 아픔을 이겨 낸 너를 보며 늘 네가 고마웠단다. 엄마는 너로 인해 행복했고, 너로 인해 아팠단다. 그런데 돌아보니 아팠던 것보다 행복했던 것이 훨씬 많더구나. 그리고, 이제 용서할 사람은 용서하고, 너도 용서받으렴. 너의 남은 생, 너와 아이들 잘 돌보며 행복하길 바란다. 엄마의 마지막 소원이다."

나의 아이들이 나의 희망이다. 그러면, 엄마의 희망은 나였다. 나의 아들이 방황할 때 나는 아팠다. 그러면, 나의 아픔이 엄마에게는 절망이었을 것이다.

집을 찾을 때마다 엄마는 나에게 "아이들 잘 돌봐라. 그리고, 사람들 마음 아프게 하면 안 된다. 우리 둘째는 내가 믿는다."라고 이야기하셨다. 희망이다. 나에 대한 희망이다. 나에 대한 그 희망이 다시 엄마에게로 돌아가는 것을 느낀다. 어쩌면 엄마는 늘 나에게 희망을 이야기하셨다.

"엄마, 실패와 이별로 엄마 마음 아프게 한 것 죄송합니다. 온몸이 후들후들 떨리고 푹 주저앉고 싶을 때 엄마 얼굴 떠올리며 버티고 이겨왔어요. 엄마가 나에게 준 사랑과 내가 엄마에게 줄 희망을 떠올리며…."

 엄마는 한평생 나로 인해 희망과 절망 사이를 오가며 사셨다.

분리불안과 집착

"응. 지금 버스 안이야, 내려가고 있어, 조금만 기다리고 있어." 아빠는 고속버스 안에서 20~30분 간격으로 엄마에게서 걸려 온 전화를 받으시느라 애쓰셨다.

올해 1월 누나 아들의 결혼식에 아빠를 모시고 서울을 다녀오면서 집에 혼자 계셨던 엄마가 아버지에게 수시로 전화하셨던 일을 떠올린다. 엄마는 아빠에게 "언제 와요?", "빨리 와요.", "배고파요."

엄마는 노환으로 몸져누우시면서 분리불안이 왔다.

아빠가 엄마를 돌보시기에 엄마 곁에는 늘 아빠가 계셔야 했다. 아빠가 산책이나 볼일을 보러 집을 나서면 "너무 늦지 말아요.", "빨리 오세요."라고 하신다.

아빠와 엄마는 물고기와 물이다. 수어지교水魚之交다. 두 분 사이에는 공간이 없다.

분리불안은 심리학적인 장애이고 질환이다. 그러나, 엄마가 아빠에게 가지고 있는 분리불안은 부부애다. 엄마는 늘 아빠에게 감사하며, 아빠를 생명의 은인으로 생각하신다. 세상에 그렇게 멋진 부부가 어디 있는가?

얼마 전 엄마 집에 있는 30년 이상 된 이불을 버리는데 곤욕을 치렀다. "엄마, 이 이불 너무 오래됐어요. 버립시다."라는 내 말에 "안 된다. 겨울이 오면 내가 다 덮을 거야."라며 정색을 하신다.

하는 수 없이 그 이불을 내가 가지고 가 사용하는 것으로 하여 아빠랑 입을 맞춰 좋은 보자기로 잘 포장해 집에서 가지고 나와 다시 종량제 봉투에 담아 처분하였다.

싱크대 아래 보관된, 오래된 락앤락은 엄마 몰래 하나

씩 하나씩 버리고 있으며 이제 거의 정리가 되었다. 지난해 봄 부모님 집 옥상의 장독대 등을 처리하면서 엄마를 설득하느라 애먹었다.

엄마는 물건에 대한 집착이 유독 강하시다. 물건을 쉽게 사지도 않지만 한번 산 물건은 오래오래 사용하신다. 본인이 사용한 물건은 본인의 일부로 여기신다. 그러다 보니 그 물건을 처분할 때마다 엄마와 실랑이를 벌여야 한다.

어려웠던 시절을 떠올려 본다. 나의 학창 시절 밥상을 하나 사 오셨는데 얼마나 애지중지하셨는지 그 기억을 잊을 수 없다. 시간대별로 뻐꾸기가 울던 시계를 보며 진짜 뻐꾸기가 우는 것 같다며 아끼셨다. 그 시계를 10년 넘게 사용하셨다. 엄마 집 다락방에는 아직도 버리지 못하고 엄마의 처분을 기다리는 물품이 꽤 있다.

엄마는 내 것에 대한 집착이 강하시다. 나는 그것을 지독한 사랑이라 표현하고 싶다. 작은 것도 아끼며 우리 집에 들어온 것은 무엇 하나 소중하지 않은 것이 없다는 엄마의 말씀. '아끼는 것은 미덕'이라는 철학이 어려운 형편에 우리 오 남매를 키워내신 것이다.

엄마는 우리 가족과 관련한 모든 것들을 사랑하셨다. 그것이 지금은 분리불안과 집착으로 표현되는 것이다. 어쩌면 엄마가 사랑을 표현하는 것이다.

30년 된 이불은 내가 덮던 것이고, 옥상의 장독대에서 퍼온 고추장과 된장으로 나에게 맛난 음식을 해주셨기에 그 모든 것들이 엄마에게는 아직도 추억인 것이다. 이불과 장독대를 볼 때마다 엄마는 나를 추억하셨을 것이다.

엄마의 아빠에 대한 분리불안은 엄마, 아빠의 부부애 증거이며, 오래된 물건에 대한 집착은 나에 대한 추억을 오래오래 간직하고 싶다는 엄마의 마음이다.

그런 사랑과 추억을 지금까지 간직하며 살아오신 엄마는 행복하신 분이다.

경찰 지구대에서 아들을 데려오던 날

 2020년 1월 7일 월요일 아침 7시 서울 마포구 ○○ 지구대에서 아들을 데리고 나왔다. 가출한 아들을 찾기 위해 경찰에 신고해 지구대에서 보호하고 있었고, 교대 근무로 아침 7시까지 데리러 오라고 하여 한잠도 못 자고 지구대로 갔다.

 지구대 직원분들에게 고맙다는 인사 말씀을 드리고 아들을 차에 태워 원주로 돌아오는 내내 마음이 무거웠다. 월요일 아침이라 강변북로 교통체증이 심했고, 밤

새 한잠도 못 자 피곤이 온몸으로 밀려왔다. 너무 피곤해 졸음운전으로 사고가 날 뻔했다.

 아들은 승용차 뒷좌석에서 자고 있었다. 밉기도 하고, 애처롭기도 했다. 사실 애 엄마와 이별로 상처받은 아들과 딸에게 늘 미안한 마음이었다. 부부의 이별은 부부에게도 큰 스트레스지만 아이들에게도 적지 않은 스트레스를 준다고 한다. 엄마 아빠의 이별을 옆에서 지켜본 나의 아들이 지금 그 아픔을 표현하는 것으로 생각하니 아들이 더 애틋했다.

 나도 고등학교 3학년 때 가출한 적이 있었다. 그 당시는 핸드폰이 없어 위치추적도 안 되었고 부모님께서는 나를 찾을 수 없었다. 가출 후 일주일 만에 집에 돌아갔을 때 부모님은 아무 말씀도 없으셨다. 무거운 마음으로 학교로 가던 날 엄마는 도시락을 건네시며 "울 둘째 아들 학교 잘 다녀오렴." 하시던 말씀을 기억한다. 그날 담임 선생님이 나의 가출 때 아버님이 학교에 다녀간 이야기를 한참이나 해주셨고, 마지막으로 "부모님에게 잘하자."라는 말에 선생님 앞에서 한참이나 울었다. 그

날 이후로 공부만 한 것 같다. 가출 사건 이후에도 부모님은 여전히 나에게 다정하셨다.

  나는 나의 아들로 경찰서를 10번 정도 다녀왔다. 원주집 근처에 있던 ○○지구대 직원들은 몇 번의 지구대 방문으로 나를 알고 있었다. 추운 겨울 어느 날 가출을 한 아들을 찾기 위해 경찰에 위치추적을 부탁하고 기다리는 동안 지구대 부대장님과 내 집에서 이야기를 나눈 적이 있다. 부대장님은 "너무 걱정하지 마세요. 아이들이 커가는 과정이라 보면 됩니다. 대신 절대 아버님은 아들을 포기하거나 놓으면 안 됩니다."라는 말을 주셨다. 새벽에 경찰차를 타고 집에 돌아온 나의 아들에게 지구대 부대장님은 "아빠에게 잘해, 아빠 마음 아프게 하면 나중에 후회한다."라는 말을 남기셨다.

  부모님은 나의 방황과 아픔을 늘 묵묵히 지켜봐 주셨다. 내가 다시 나의 자리로 돌아오기를 기도하셨고, 믿어 주셨다. 학창 시절 방황할 때도, 공직에서 퇴직하고 실패를 반복할 때도, 애 엄마와 이별하고 아파할 때도 늘 그 자리에서 나를 기다려 주셨다.

아들은 고등학교 내내 방황하였다. 나는 아들의 방황으로 3년 동안 아들의 고등학교를 자주 방문했다. 그리고 늘 담임 선생님께 죄송하다고 머리를 조아렸다. "오죽했으며 담임 선생님이 아버지인 나를 뵙자고 할까?"라는 마음에 늘 미안하고 죄송했다.

아들 졸업식 날 담임 선생님께 감사하고 미안한 마음에 선물로 넥타이와 편지를 썼다. 편지에 감사의 마음을 담았다. 그날 밤 담임 선생님은 장문의 문자를 보내오셨다.

"아버님, 아들은 심성이 착한 아이입니다. 학교생활 내내 혼자 방황은 하였지만 그 누구를 괴롭히지 않았습니다. 그 이유는 아버님의 사랑 때문입니다. 아들은 아빠를 늘 자랑스러워했습니다. 혼자서 아들을 키운다고 알고 있습니다. 방황은 했지만 일탈하지 않도록 애써주신 아버님께 진심으로 감사드립니다. 또 저의 전화에 늘 성심성의껏 대해 주셨습니다. 아들이 잘 성장하기를 소원합니다."

그날 밤 그 문자를 받고 울었던 것 같다.

아들이 방황하는 이유를 알고 있었다. 나 역시 나의 부모님처럼 묵묵히 기다렸다. 아들은 지금 오랜 방황의 시간을 끝내고 자기의 삶을 살아가려 애쓰고 있다.

나의 부모님이 나를 놓지 않았듯이 나는 나의 아이들을 놓지 않을 것이다. 엄마는 요양원에 갈 때마다 손을 잡고 이야기하신다. "남형아, 아이들 잘 돌봐라. 불쌍한 아이들이다."

나의 부모님에게 받은 사랑, 나의 아이들에게 그대로 돌려주려 한다. 부모는 그래야 하고 그런 것이니까….

그리고 이글을 통해 나의 아들과 나에게 따뜻한 말 한마디와 눈빛을 건네주신 서울 마포 ○○지구대와 원주 ○○지구대 모든 분들에게 감사드린다.

강아지를 보내고 우시던 엄마

 엄마는 유독 동물을 좋아하셨다. 뻐꾸기가 울며 하늘을 날면 뻐꾸기와 대화를 나누고, 일하시다 우연히 마주친 개구리와 두꺼비와도 대화하신다. 시멘트와 아스팔트 도로에서 지렁이를 보면 사뿐히 들어 풀숲에 놓아주신다.

 어느 날 엄마가 집으로 강아지 한 마리를 데리고 왔다. 믹스였는데 꼬리를 흔드는 모습이 너무 예뻤다. 현관에서 키웠는데 내가 집에 오면 그렇게 반겨 주었다.

우리 가족 모두는 강아지를 예뻐했다. 새끼도 낳아 주위 사람들에게 분양도 했다.

엄마가 늘 강아지 밥을 챙겨 주셨다. 강아지를 쓰다듬어 주시며 한참이나 이야기하신다.

"우리 예쁜 강아지, 오늘 뭐 하고 놀았니? 엄마 신발을 물어뜯었네. 장난감이 없어 그랬구나. 이제 엄마랑 놀자."

강아지를 3~4년 키웠을 때쯤 더는 키울 수 없어 어쩔 수 없이 새로운 주인에게 보내야 했다. 이별하면서 강아지는 계속 엄마를 쳐다보았다. 엄마도 울고 강아지도 울었다.

"잘 가 그동안 고마웠다. 너 때문에 엄마도 많이 행복했단다."

몇 년 후 엄마는 까만색의 강아지를 데려왔다. 지난번 이별한 강아지보다 작고 예뻤다. 그 강아지는 엄마와 부엌에서 늘 함께 있었다. 엄마가 가족의 식사를 준비하면 엄마를 물끄러미 쳐다보는 모습이 지금도 눈에 선하다.

그러던 어느 날 그 강아지는 쥐약을 먹고 이틀을 앓다가 하늘나라로 갔다. 지금도 아파하며 숨을 헐떡이던 그 강아지를 잊을 수 없다. 엄마가 많이 우셨다. 그때 엄마는 그 강아지에게 '섬집 아기' 노래를 불러 주셨다. 그 이후로 엄마는 강아지를 데리고 오지 않으셨다.

엄마는 살아있는 모든 것들을 사랑하셨다. 이따금 고구마밭을 엉망으로 만들고 간 고라니와 멧돼지에게

"그것들도 배가 고플 거야. 우리야 밥 먹으면 되지만 고라니와 멧돼지는 산속에 먹을 것이 많이 없으니 그럴 거야. 신나게 먹고 갔으면 됐다."

"남형아, 봄이면 달래, 여름이면 감자, 가을이면 고구마가 있어 행복하다. 살아있는 모든 것들이 얼마나 소중하니."

나는 생태를 전공했고 직업 중 하나가 동물과 관련한 직업이다. 나의 딸도 동물을 좋아해 동물 관련 학과를 전공했다. 엄마의 생명에 대한 그 아름다운 심성이 나와 나의 딸에게 그대로 유전되었다.

"한 국가의 위대함과 도덕적 진보는 동물이 받는 대

우로 가늠할 수 있다."

 간디가 한 말이다. 나는 저 말을 자주 쓰곤 한다. 그럴 때마다 엄마를 떠올린다. 강아지와 이별하며 우셨던 엄마를….

엄마의 엄마

"엄마, 엄마는 외할머니를 뵈러 갈 때 늘 빨리 걸었어요. 그 큰 키로 성큼성큼 걷는 것을 초등학생인 내가 따라잡기가 힘들었어요. 그런데, 이제 왜 그리 빨리 걸으셨는지 그 마음을 알 것 같아요."

지난겨울 잠시 태안 안면도에 머물렀고, 설 명절 안면도에서 부모님이 계신 강릉으로 먼 길을 재촉했다. 5시간 정도 소요되는 350km의 먼 거리다. 몸져누우신 엄마가 보고 싶고, 형제들이 죄다 타지에 있어 명절 준비를 아빠가 하셨기에 뭐라도 도와야 했다.

휴게소에 한 번 쉬고 5시간 30분이 걸려 도착한 부모님 집은 늘 아늑하다. 누워계시면서 나를 기다렸다는 듯 반겨주시는 엄마를 뵈니 몸도 마음도 한결 가볍다. 엄마는 그런 사람 같다. 늘 거기서 나를 기다려 주는 유일한 한 사람.

엄마가 홀로 계신 외할머니를 뵈러 가는 마음도 내가 안면도에서 강릉으로 엄마를 뵈러 가는 마음과 같지 않았을까?

외할머니는 엄마가 시집온 지 3년 만에 홀로 되셨다. 외할아버지께서 나무 위에서 떨어져 돌아가셨다. 외삼촌과 이모가 서울에서 학교에 다니고, 출가를 하여 외할머니는 20년을 홀로 사셨다.

우리 집에서 8km 떨어진 외가는 감나무가 많았고, 집 앞에 작은 하천이 흐르는 소담스러운 곳이었다. 그리고, 외할머니의 외로움이 감처럼 주렁주렁 달려있고, 엄마가 엄마의 엄마에 대한 애틋함이 물처럼 흐르는 곳이었다.

엄마의 손에 끌려 달려가다시피 도착한 외가는 홀로 계신 외할머니가 늘 우리를 따뜻하게 반겨 주셨다.

지금도 부엌에서 혼자 식사를 하셨던 외할머니의 그 모습을 잊을 수 없다. 70~80년대 그 당시 농촌의 부엌이면 지금의 부엌과는 많이 달랐다. 식사하기에 불편했다.

엄마가 외가에 가시는 날은 안방에 밥상을 차리고 외할머니와 함께 식사하셨다. 엄마와 외할머니, 나 이렇게 세 명이 식사할 때 외할머니는 웃으며 좋아하셨던 기억이 난다.

엄마가 엄마의 엄마를 만나러 갈 때 그렇게 성큼성큼 걸었던 이유를 이제야 알 것 같다. 엄마는 외할머니가 외로운 것을 알고 계셨다. 그 외로움이 얼마나 지독한지도 아셨다. 외로움이란 것이 얼마나 사람의 마음을 재촉하고 움직이는지 나도 경험해 보아서 안다.

엄마는 석양이질 때면 집으로 돌아갈 준비를 하신다. 그때부터 엄마의 마음은 엄마의 엄마 마음과 닿아 있다. 두 분 모두 아무 말씀을 하지 않으신다. 외할머니는 신작로 앞까지 배웅을 나오신다. 엄마는 내 손을 잡고 또 성큼성큼 걸으신다. 이따금 뒤돌아 외할머니에게 손을 흔들며….

외할머니가 흐릿하여 보이지 않을 때, 두 분에게 외로움이 가장 진하게 드리우는 시간이다. 시내버스에 오르며 엄마의 긴 한숨을 본다. 엄마는 버스 창밖을 바라보며 보이지도 않는 엄마의 엄마에게 손을 흔든다.

엄마는 외할머니에게 가는 것을 가장 좋아하셨다. 나는 그것을 안다. 엄마는 엄마의 엄마를 뵈러 가는 날 늘 노래를 부르셨다. 두 분이 식사하며 나누는 정겨운 대화는 그림 같고 영화 같았다.

외삼촌이 외할머니를 서울로 모셔갈 때까지 20년 동안 엄마는 늘 엄마의 엄마를 돌보셨다. 아니, 외할머니가 엄마를 돌 본지도 모른다. 그 지독한 외로움을 두 분이 나누어야 하는 것을 알고 계셨다.

엄마 집에 가면 나의 막냇동생과 외할머니가 같이 찍은 사진이 있다. 그 사진을 볼 때마다 엄마가 나이 들어가면서 점점 외할머니를 닮아 간다고 생각한다. 아마,

20년을 두 분이 외로움을 달래고 나누었기에 더 그런 것은 아닐까?

내가 태안 안면도에서 강릉까지 엄마를 뵈러 달려간 350km의 거리와 엄마가 엄마의 엄마를 그리며 달려간 8km의 거리는 그리움에서 보면 크게 차이가 나는 거리가 아니다. 엄마가 외할머니의 외로움을 같이 느끼셨기에 두 분 마음의 거리는 아마 어마어마하지 않았을까?

지금도 외할머니의 배웅을 받고 집으로 돌아오시는 시내버스에서 보이지도 않는 엄마의 엄마를 향해 손을 흔들었던 나의 엄마를 회상한다. 그 지독한 외로움도 같이….

엄마는 엄마의 엄마로 많이 외로우셨을 것 같다.

4 / 행복은 멀리 있지 않아

후회

머리에서 가슴,
다시 팔, 다리로 떠나는 여행

세상에서 가장 먼 여행이 머리에서 가슴까지라고 한다.

나 역시 머리에서 가슴으로 가는 여행이 제일 멀었다.

인식하고 자각은 하지만 마음먹는 데 한참이나 걸린다.

자각과 마음이 행동으로 가는 데 또 한참이나 걸린다.

아직도 마음이 팔, 다리로 가지 못한 것도 많다.

엄마는 머리에서 가슴으로 가는 여행이 너무 쉬워 보였다.

가슴에서 팔, 다리로 가는 시간은 더 빨라 보였다.

실천의 달인, 행동의 달인 엄마.

"너희 오 남매 입속으로 밥을 줄 때 가장 행복했다."

"엄마는 배운 것이 없어 손과 발로 먹고살았다."

"생각하고 느낄 겨를이 없었다. 바로 움직여야 했다."

"엄마 꿈? 있었는데 기억이 안 나, 먹고 사느라 잊어버렸다."

머리에서 가슴으로 다시 팔, 다리로 떠나는 여행

엄마는 그 여행을 단 한 번도 제대로 즐기지 못했다.

아니, 어쩌면 그 여행을 가장 잘 즐기셨는지도 모르겠다.

엄마는 오늘도 나에게 말씀하신다.

"더 늦지 않게 용서해라, 그리고 용서받아라. 후회하지 말고."

"마음을 잘 다스려라. 좋은 생각, 좋은 일 많이 하려무나."

"팔, 다리를 많이 쓰면 몸도, 마음도 건강해진다. 명심하렴."

엄마의 그 실천력을 배워야 했다.

엄마는 진정한 여행가이다.

웰다잉(Well-dying), 죽음을 성찰하며

 봄으로 가는 길목의 어느 날 웰다잉Well-dying, 죽음을 성찰하고 체험하였다.

 "엄마, 아빠 그간 고마웠어요. 자은이 유래 사랑한다. 자은 엄마 우리 비록 헤어졌지만, 아주 고맙고, 감사했소. 우리 서로 용서합시다."

 나의 유서에 담긴 내용이다.

 "희망을 이야기하고 싶었다. 그렇게 살다 간다."

 나의 묘비명이다.

영정사진을 찍어 나의 관 앞에 올리고 촛불을 켜고 관 속에서 30분가량 누웠다. 유서를 읽어 내려갈 때는 눈물이 났다. 참여자 대부분이 울었다. 미안해서 울고, 용서하며 울고, 옆 참석자가 우니 같이 울었다. 유서에 가장 많이 나오는 단어는 '사랑과 용서'였다. 지금도 그 유서를 간직하고 있다.

촛불 앞에서 환히 웃고 있는 나의 영정사진을 보며 나의 죽음을 생각해 보았다. 관속에 30분 누워있으면서 지나온 50년의 삶을 되돌아보고 후회하고 반성했다. 아마, 30분 동안 가장 많이 떠올린 단어는 '가족'이었던 것 같다. 부모님 사랑받고 자랐던 날들, 아들, 딸 키우면서 행복했고, 아프고, 힘들었던 시간 아내와 이별하면서 쌓였던 분노와 용서의 시간….

"사람이 죽는 것은 하나의 문이 닫히고 다른 문이 열리는 것과 같다."라는 인디언 잠언을 가슴 깊이 새긴 적이 있다.

이제 엄마와 이별을 준비한다. 엄마는 이제 유서를 쓸 힘도 그럴 이성적 사고도 없으시다. 그냥 웃음으로 엄마의 마음을 표현하신다.

엄마와의 이별을 준비하여 나의 죽음을 생각한다. 웰다잉Well-dying, 그때 작성한 유서와 영정사진을 컴퓨터에서 열어본다. 그때 유서를 썼던 그 마음으로 오늘을 살아가야 한다. 어쩌면 엄마가 나에게 가장 바라는 것이 그것일지 모른다.

인디언 잠언 "진정한 죽음은 기억에서 사라질 때 온다."라는 말을 되뇌어 본다. 죽음은 사라지는 것이 아님을 깨닫고 싶다. 엄마와의 이별이 엄마를 더 선명하게 기억할 수 있었으면 좋겠다. 나 죽을 때 엄마를 더 또렷이 떠올릴 수 있기를 기도한다. 그러기 위해 지금은 엄마와 더 많은 추억을 만들어야 한다. 사랑이라는 이름으로….

나의 아들, 딸에게

아들, 딸아 몇 가지만 부탁하자.

하루에 한 번, 할머니, 할아버지를 위해 기도해 주렴.

일주일에 한 번, 할머니, 할아버지께 안부 전화드리렴.

한 달에 한 번, 할머니, 할아버지께 편지 쓰렴.

두 달에 한 번, 할머니, 할아버지 찾아뵈렴.

분기에 한 번, 할머니, 할아버지 모시고 점심 식사 하렴. 비용은 내가 줄게.

반기에 한 번, 적은 금액이라도 할머니, 할아버지께

용돈 드리렴.

일 년에 한 번은 효라는 것이 무엇인지 생각해 보렴.

명절에는 일찍 와 할머니, 할아버지와 놀아 드리렴. 할머니, 할아버지는 아빠의 엄마와 아빠니까 아주 소중한 분들이잖아.

할머니 아주 편찮으신 것 알지?

세상에서 가장 슬픈 일은 '보고 싶어도 볼 수 없는 것' 아닐까?

이제 할머니, 할아버지 뵐 날도 얼마 남지 않았단다.

할머니, 할아버지는 너희들을 기다리셔.

어려운 부탁인 것 알지만 오늘부터 해보자.

우리는 가족이잖아.

나의 아픔을 엄마에게 이야기할 것을

 엄마는 말은 하지 않지만, 나의 아픔을 알고 계신다. 나의 마음속에 있는 슬픔, 분노, 외로움, 억울함…. 내가 슬픔 속에서 허우적거릴 때 엄마는 늘 전화를 주셔서 짧은 응원의 말을 남기신다.

 "둘째야 잘 지내냐? 힘들지? 우리 아들은 뭐든 잘하고, 잘 이겨낼 거야 힘내자."

 또 아픔이 가득할 때 엄마에게 전화하면

 "둘째냐, 세상에 쉬운 일이 없더구나. 그래도 넌 잘

해왔다. 엄마는 늘 너를 믿는다. 전화 줘서 고맙구나."

핸드폰을 사용하신 적이 없는 엄마, 아파하는 나를 응원하기 위해 집 전화의 다이얼을 꾹꾹 누르시면서 나에게 전화하시는 그 마음이 얼마나 심란하셨을까? 내 슬픈 마음이 담긴 전화를 받기 위해 수화기를 드는 엄마의 마음은 또 얼마나 아팠을까? 나와 통화를 마치고 내쉬는 그 한숨은 또 얼마나 깊었을까? 그런 엄마에게 나의 슬픔을, 아픔을 이야기할 수 없었다.

지금 와 후회한다. 힘들 때 엄마 앞에서 실컷 울 것을, 전화로 나의 아픔을 이야기할 것을…. 어쩌면 엄마는 내가 나의 아픔을 엄마에게 털어놓기를 기다리고 계셨는지도 모른다. 엄마는 나의 아픔을 본인에게 다 주고 내가 홀가분해지기를 바라셨는지도 모른다.

아내와 이별하는 과정에 엄마에게서 전화가 왔다.

"둘째야, 너는 최선을 다했다. 그러니 자책하지 마라. 너를 위해, 엄마를 위해, 그리고 아이들을 위해 아파하지 말고, 훌훌 털고 일어나렴."

엄마와 나는 말은 하지 않아도 서로의 아픔을 그저 마

음으로 알고 있다. 엄마는 내가 얼마나 아팠는지, 나는 엄마가 나로 인해 얼마나 아프셨는지….

  요양원에 누워계신 엄마를 보며 고백한다.

  "엄마, 엄마가 나 때문에 아파할까 봐 엄마에게 내 아픔 이야기하지 못했어. 내가 말하지 않아도 엄마는 내 아픔을 알고 있잖아. 이제 다 이겨냈어. 엄마가 아픈 것이 나에게 아픔이야. 엄마가 나 때문에 아픈 것이 나에게 가장 큰 아픔이야."

대문이 열려 있는 집

언제부터인가 엄마 집의 대문은 늘 열려 있다. 부모님 두 분만 계시기에 대문을 열어 놓는 것이 걱정되었다. 엄마가 요양원으로 가신 이후 그 대문은 닫혀있다.

왜 부모님은 대문을 늘 열어 놓았을까? 몸이 불편하신 엄마를 위해서였을 것이다. 엄마는 병원에 입원하기 전 집에 계실 때 어르신 보행기를 끌고 대문을 나와 골목길에 앉아 있는 것을 좋아하셨다. 지금도 골목길에서 나를 맞이했던 엄마의 환한 미소를 기억한다.

그 대문이 늘 열려 있던 또 하나의 이유가 있음을 안다. 바로 나 때문이다. 내가 이별로 아파할 때, 도전했던 사업에 실패했을 때 꽤 오랫동안 부모님을 찾아뵙지 않았다. 심지어 명절 때도 몇 년 동안 가지 않았다. 그 대문을 들어설 자신이 없었다. 엄마가 전화로 나에게 하셨던 말씀을 기억한다.

"둘째야, 이번 명절에는 올 거지? 엄마는 늘 너를 기다리고 있단다."

엄마는 내가 너무 힘들 때 언제든지 집에 오라고 문을 열어 놓았을 것이다. 그 열려 있는 대문으로 환하게 웃으며 집에 오는 나를 상상했을 것이다. 늘 그랬던 것처럼 대문을 들어서며 큰 소리로

"엄마, 둘째 왔어요."

나의 그 목소리를 듣고 싶었을 것이다.

"엄마, 많이 기다리게 해서 미안해. 엄마와 나는 그 대문을 사이에 두고 서로가 평생을 기다리며 살았어. 엄마는 나를 기다리고, 기다리는 엄마에게 더 잘 사는 모습을 보여 주기 위해 나는 또 무엇을 기다렸어."

엄마는 대문 안에서 나는 대문 밖에서 무엇을 기다렸다. 늘 열려 있었던 대문을 바라보며 나를 기다렸을 엄마를 생각한다.

일기를 쓰며, 엄마를 떠올리며

 매일 일기를 쓴 지 10년이 넘었다. 학창 시절에는 띄엄띄엄 쓰다가 공직에 있을 때는 일주일에 두세 번 쓰다 퇴직한 2014년 8월 이후로 하루도 빠지지 않고 매일 일기를 쓰고 있다. 내 보물 1호는 일기장이다.

 이따금 지난 일기를 보곤 한다. 지난해 오늘은 무슨 일과 무슨 생각을 하고 있었을까? 5년 전 이맘때 나에게 어떤 일들이 있을까? 일기장에 가장 많이 나오는 단어가 아들과 딸 그리고 '엄마'였다. 아들과 딸 이름 앞에는 '사랑'이라는 단어가 주였고, 엄마 앞에는 '고마운'이란 단어가 주였다. 특히, 엄마가 몸이 불편해진 5년 전부터 일기장에 엄마 기록이 꽤 되었다.

 엄마와 통화한 날, 엄마를 뵙고 온 날, 엄마에게 용돈 드린 날, 명절 때 찾아뵙지 못해 죄스럽던 날, 엄마가 딸내미 등록금 보내주신 날, 생일이라고 전화 주신 날, 집필한 책 잘 읽었다고 응원해 주신 날, 아내와 헤어지기 전에는 아내 생일과 결혼기념일에도 전화를 주셨다. 그런 일들이 일기장에 고스란히 기록되어 있었다. 일기장에 기록된 엄마에 대한 나의 감정은 '고마움', '미안함', '애틋함' 그리고 '행복함'이었다.

 어제 요양원을 다녀와 잠드신 엄마를 보고 온 그 애틋함도 나의 일기장에 정갈하게 기록되어 있다. 지금, 이 글을 쓰는 가장 큰 원동력도 나의 일기장일 것이다. 일기를 쓰며 엄마에 대해 삶을 생각해 보았고, 엄마에 대한 감사와 미안함이 일기에 담겨 있었기에 가능했다.

 엄마 생일날 부모님과 자장면을 먹고 와 일기장에 이렇게 적혀있었다.

"엄마, 생일인데 뭐 드시고 싶으세요?" 물으면 엄마는 자장면이라고 늘 답하신다. 어쩌면 엄마 생일은 자장면을 먹는 날인지도…. 엄마와 이별하고 많은 시간이 흐르면 엄마보다 엄마와 먹었던 자장면이 더 기억날지도….

오늘의 일기장에는 엄마의 또 어떤 모습과 추억을 그려볼까?

시간이 충분할 거라고 착각하고 살았어

 엄마, 오늘도 요양원에서 엄마를 보고 나오면서 "앞으로 엄마를 얼마나 더 볼 수 있을까?" 생각했어. 그러면 이내 마음은 애틋해지곤 해.

 "남형아, 이제는 그만 죽고 싶구나."

 그 말을 들을 때마다 이제 정말 엄마와 이별을 준비하고 있어. 오늘도 곤히 지쳐 잠든 엄마를 몰래 보고 오면서 시간이 얼마 남지 않았음을 느껴.

 엄마, 엄마와 함께할 시간이 많을 거라고 착각하고 살

았어. 엄마가 아파진 지난 5년도 그렇게 생각한 것 같아. 아니, 엄마와 함께한 55년 동안 늘 그렇게 생각하고 살아왔는지도 몰라. 엄마 자서전을 쓰면서 알았어. 엄마와 함께할 시간이 얼마 남지 않았다는 것을.

"수욕정이풍부지 자욕양이친부대樹欲靜而風不止 子欲養而親不待."

'나무는 조용히 있고 싶으나 바람이 그치질 않고, 자식은 효도하고 싶으나 부모는 기다려 주지 않는다.'라는 고사성어야. 학창 시절 내가 참 좋아했었어.

내 아들, 딸이 어렸을 때 엄마가 나에게 가끔 이야기해 주셨어.

"품 안에 있을 때 자식들이다. 그러니 아끼고 사랑해 주어라."

그 말이 무슨 뜻인지 알고는 있었지만 제대로 실천하지 못했어. 이제 와 후회해 이제 다 커버린 아이들에게 '사랑한다.' 말 한번 제대로 전하지 못한 지난 시간이 안타깝고 애틋해.

엄마와 함께한 지난 시간도 안타까워. 더 많은 추억

만들어야 했는데….

"엄마와 제대로 된 여행 한 번 가 본 적이 없어."

"엄마와 근사한 식당에서 외식 한 번 해본 적이 없어."

"엄마에게 우아한 옷 한 벌 사드린 적이 없어."

"엄마에게 내 삶과 내 아픔을 제대로 이야기한 적이 없어."

"'감사해, 고마워'라는 말을 했지만 '사랑해'라는 말은 하지 못했어."

엄마는 늘 자장면을 좋아하고, 갈비탕만 좋아하는 줄 알았어. 버스와 기차 타는 것을 좋아하는 엄마 모시고 부산에 가고 싶었는데 못했어. 아픔이 있을 때 엄마에게 털어놓고 이야기하며 위로받고 싶었는데 못했어. 한 것보다 하고 싶었는데 못 한 것이 훨씬 많아.

10년 전 후회와 관련한 책을 집필하면서 엄마 생각을 했었는데 생각만 했지, 행동하지 않았어. 이제 와 후회해.

엄마와 함께할 시간이 얼마나 남았는지 모르지만 그 시간만이라도 엄마의 삶을 기록하고 기억하려 해. 그것이 내가 지금 할 수 있는 유일한 거니까.

 엄마, 그래도 함께한 시간이 있어 행복했어. 난 그렇게 믿을게.

숙제만 하신 삶

어릴 적 눈이 펑펑 오는 날 따뜻한 마중물이 든 물동이를 이고 가 펌프 수도에서 물을 길어 오시던 엄마 생각을 한다. 아마, 그 물로 저녁을 했던 것 같다.

따뜻한 봄이 오면 개울가에서 몽둥이로 빨래를 두드리던 엄마, 밤이면 곶감을 만들기 위해 감을 깎던 엄마, 나의 친할머니와 외할머니와 늘 몸뻬 차림으로 논과 밭에서 땀이 흥건했던 엄마….

나의 학창 시절 새벽에 일어나 나와 형, 누나, 동생의 도시락 5~6개를 준비하신 엄마, 늘 머리에 무엇을 이고 다니신 엄마, 머리에 무엇을 이고도 나를 보면 손을 흔들며 웃어 주셨던 엄마.

엄마는 숙제의 달인이다. 평생을 숙제만 하셨다. 오남매를 키우는 숙제, 시부모님을 모시고, 치매인 시아버님을 집으로 모셔 와 병시중하셨고, 일찍이 홀로 되신 엄마의 엄마를 돌보시고….

나의 기억에 엄마가 화장품을 쓰시던 기억이 거의 없다. 엄마가 본인의 옷을 사셨던 기억도 거의 없다. 엄마가 엄마 본인을 위해 무엇을 하셨던 기억이 거의 없다.

평생 남을 위해 숙제만 하셨다. 엄마에게 엄마 본인을 아끼고 위하는 숙제는 아예 없었는지도 모른다. 엄마는 그간의 모든 숙제가 태어날 때부터 엄마의 숙제로, 엄마의 숙명으로 여겼을지도 모른다.

나 또한 엄마가 엄마 본인을 위한 삶을 조금이라도 살아야 했다는 생각을 55살이 된 이제야 하고 있다. 슬픔이고 아픔이다. 나 같은 아들을 둔 엄마, 엄마는 평생을 외롭게 사신 것이 맞다.

어제는 누워계신 엄마 손을 보았다. 그 손으로 눈 오고 추운 날 물동이를 이고, 그 손으로 몽둥이를 두드리며 냇가에서 빨래하셨고, 그 손으로 모내기하셨고 볏단을 쌓고 추수를 하셨다. 그 거친 손으로 우리 오 남매를 키우셨다. 주무시는 엄마의 손을 꼭 잡아 보았다. 돌덩이처럼 거칠고 딱딱했다. 엄마의 삶은 엄마의 손처럼 무겁고 거칠었을 것이다. 평생을 무거운 숙제로 살아온 삶이기에….

한평생을 희생의 숙제만 하셨던 엄마는 행복했을까?

엄마 집을 나서며 기도했다.

"엄마, 한평생을, 가족을 위해 살아오신 그 삶을 존경합니다. 그리고 고맙습니다. 엄마의 그 희생으로 우리 가족은 행복했습니다. 엄마, 엄마 다음 생은 숙제 없는, 축제만 있는 인생이길 바랄게요."

엄마들이 남긴 한마디

"어르신, 한평생을 살아오시면서 자식들이나 저 또는 이 사회에 하고 싶은 말씀 있으세요? 부탁의 말씀 같은 것 말입니다."라고 내가 여쭈었더니 "있어요. 내 자식과 선생님에게 부탁하고 싶은 것이 몇 가지 있어요."

지난해 가을 자서전 쓰기 사업을 진행하며 11분의 어르신들과 이야기를 나누었다. 인터뷰 마지막 날 위와 같은 질문을 드렸다.

"80년을 넘게 살았어요. 행복했지만 아쉬움도 후회

도 있어요. 나의 자식들과 선생님을 위해 한 말씀 드릴 게요."

어르신들이 나에게 남긴 부탁의 말씀을 정리하다 11분의 어르신이 하셨던 이야기에 공통되는 것들이 있었다. 5가지를 이야기해 본다.

1. 가족이 삶의 전부다. 가족을 사랑해라.
2. 사랑하는 사람과 이별하지 말라.
3. 나를 위해 용서해라.
4. 돈보다 중요한 것이 있다.
5. 60살부터 평온해지더라. 어떻게 해서든 60까지 버텨라.

어르신 중 일찍이 남편을 여의신 분도 많으셨고, 자식들을 먼저 하늘로 보낸 참척慘慽을 겪으신 분도 적지 않으셨다. 그분들에게 가족은 아픔이고 슬픔이었을 것이다. 가족과의 사별死別을 이야기하실 때는 우셨다.

세상에서 가장 슬픈 것은 보고 싶어도 볼 수 없는 것

이라고 한다.

그러면서 이별도 이야기하셨다. 사랑하는 사람과 헤어지는 것은 언젠가 후회하니 정말 어쩔 수 없는 이별이 아니라면 헤어지지 말라고 하셨다. 대부분 부부가 헤어지는 것을 이야기하셨다.

용서는 정말 큰 용기가 필요하다. 그러나, 80살이 넘어 이제 와 용서한 것을 후회하셨다. "조금 더 일찍 용서했으면 그만큼 행복했을 텐데…."라며 나 자신을 위해 용서하라고 부탁하셨다. 그 용서 대상이 가족이면 더 빨리 더 크게 용서하라고 하셨다.

나도 사랑하는 사람을 미워했던 적이 있었다. 온몸이 녹아내리는 아픔이었다. 그 아픔으로 병을 얻기도 했다. 내가 살기 위해, 나를 위해 용서했다. 그리고, 평온이 찾아왔다.

70~80대 대부분의 어르신은 힘든 세월을 살아오셨다. 인터뷰의 주요 이야기는 경제적인 어려움이었다. 가난했기에 겪어야 했을 아픔들은 상상을 초월하는 것들도 있었다.

그런 어르신들이 돈보다 중요한 것들이 있다고 하셨다. "돈 때문에 정말 중요한 것을 잃지 않기를 바랍니다."라고 하신 어르신을 보며 한참이나 우두커니 있었다. 나 또한 내 생에 가장 큰 이별이 돈 때문이었다.

"60살이 되니 아이들은 다 커서 출가를 하든 어떻게든 제 곁을 떠나더군요. 그때부터 마음이 많이 평온해졌어요. 이제 내가 할 일은 다 했다. 그 생각이 들었어요. 선생님도 꼭 60까지는 버텨요. 평온해집니다."

"자식들 모두 떠나니 쓸쓸하지 않으세요?"라는 물음에 "처음엔 조금 외롭더니 복지관과 노인회관에서 친구들과 어울리다 보면 괜찮아져요. 이따금 자식들과 손주들이 오잖아요. 그것으로 되었어요."라고 답하셨다.

이제 나도 60까지 5년 남았다. 내 딸은 25살, 아들은 23살이다. 나도 60살이 되면 내 아들, 딸들이 내 곁을 떠나 자기 길을 가길 바란다. 나의 평온을 위해….

자서전을 쓰기 위해 어르신을 만난 지난가을은 나에게 아주 특별한 시간이었다. 3달 동안 따뜻했고, 많이 울었고, 행복했다. 그분들과 이야기를 나누며 나는 내

속에 나를 만났고, 나의 삶을 돌아보는 시간이었다.

어르신들이 나에게 알려준 삶의 지혜는 나를 행복하게 만들어 줄 키^{key}가 될 것이다. 인터뷰 내내 나를 울게 한 어르신들에게 이 글을 통해 감사드린다.

어쩌면 행복은 그리 멀리 있지 않다.

55번째 내 생일날

 음력 3월 23일 55번째 내 생일이었다. 늘 내 생일날 아침 일찍 엄마가 전화를 주셨다. "우리 둘째 아들 생일 축하한다. 미역국은 먹었니? 오늘 즐거운 하루 되렴." 그런데 엄마가 아파 누워 계신 이후 최근 몇 년 동안 내 생일날 엄마의 축하 전화가 없었다.

 엄마는 아빠와 오 남매의 생일을 집안 달력에 늘 큼지막하게 빨간색으로 표시해 놓으셨다. '둘째 아들 남형이 생일'.

늘 달력을 보고 사셨던 엄마는 그달의 달력을 펼치면서 나의 생일을 눈과 마음에 새겨 놓았다가 아침 일찍 축하 전화를 하시는 것을 난 알고 있다. 엄마는 달력에 표시된 내 생일을 보며 즐거워하셨던 것 같다. '내 아들로 태어나 주어서 고마워'라는 생각과 함께.

어느 날 엄마 달력을 넘기면서 엄마의 생일은 표시되어 있지 않은 것을 보며 엄마의 고독을 가슴속으로 느껴보았다. 어쩌면 엄마는 그 달력에 내가 큼지막하게 '엄마 생일'이라고 표시해 주길 바랐는지도 모른다.

그랬다. 엄마 생일 전날 아빠가 전화해 "내일 엄마 생일이다."라고 말씀하지 않았으면 엄마 생일을 모르고 지나쳤을지도 모른다. 실제로 엄마 생일을 모르고 지나친 적도 있었다.

나의 아이들이 내 생일날 문자나 전화를 하지 않았던 적이 많았다. 아마, 아이들이 성인이 되고 나서야 몇 번 축하 전화, 문자가 있었던 것 같다. 섭섭했다. 그러나 표현하지 않았다.

엄마도 생일날 축하 전화가 없던 나에게 섭섭하지 않

았을까? 아니 섭섭했을 것이다. 내 전화를 많이 기다렸을 것이다.

이번 55번째 내 생일에 형제와 딸내미가 문자와 전화를 주었다. 아들이 전화를 주지 않았던 것이 못내 섭섭했다. 그날은 아들과 통화까지 했는데 아들은 아빠의 생일을 모르는 것 같았다.

지금 와 후회한다. 엄마의 생일도 모르고 지나친 나의 무심함을 반성한다. 그리고 나의 아이들이 내 생일날 축하 전화를 기대하는 이기적인 나를 보며 헛웃음이 나왔다.

내 생일날 요양원에 누워계신 엄마를 찾아뵈었다. 내 생일이라고 말씀드리지 않았다. 엄마는 늘 하셨던 것처럼 내 손을 잡아주셨다. 엄마 손에서 느껴졌다. 그리고 이 말씀을 하시는 것 같았다. '남형아 생일 축하해.'

"엄마, 지난 50년 동안 늘 잊지 않고 내 생일을 축하해 주셨어요. 용돈도 주셨어요. 내 생일날 엄마의 전화 한 통으로 늘 행복했어요. 엄마도 내 생일 기억하고 챙겨주시면서 행복하셨죠?"

55번째 생일날 나의 일기장에는 엄마에 대한 그리움이 가득하였다.

엄마에게 보낸 편지

　엄마가 요양원에 가신 후 엄마가 계셨던 방에서 혼자 자곤 한다. 엄마 방은 보물 창고다. 우리 오 남매의 자랄 때 기록이 거의 다 있다. 엄마의 보물창고에서 눈에 들어온 편지가 있었다. 20대 서울에서 재수할 때, 타지에서 직장 생활을 하면서 부모님께 보낸 편지와 연하장이다.

　연하장은 엄마, 아빠에게 각각 보냈고, 편지는 '부모님에게'로 쓰여 있었다. 연하장의 내용은 새해 부모님의 건강과 희망을 응원하였고, 편지는 부모님의 사랑에 감사하다는 내용이었다. 볼펜으로 꾹꾹 눌러쓴 글씨가 여간 정성스럽지 않았다.

나는 친필로 편지 쓰는 것을 좋아한다. 연애할 때 애인, 친구, 나의 아들, 딸에게도 친필로 편지를 쓰곤 하였다. 퇴임하고 같이했던 동료들에게도 친필의 편지를 보내곤 하였다.

부모님과 떨어져 재수할 때 부모님에게 편지를 썼던 기억이 있다. 넉넉하지 않은 가정형편에 재수를 선택한 나를 늘 응원해 주셨던 부모님, 그 마음이 정말 고마워 그 마음을 담아 엄마, 아빠에게 더러 편지를 보냈다. 편지 내용은 엄마 아빠가 우리 오 남매를 얼마나 아끼고 사랑하는지와 내 삶에 대한 목표를 적었던 것 같다. 그런데 그 편지는 엄마의 보물함에 없었다.

내 편지 상단에 "아들 남형이가 보낸 고마운 편지"라고 삐뚤삐뚤한 글씨로 적혀 있었다. 그 문구를 보고 마음이 따뜻해졌다. 엄마가 내 편지를 읽으시며, 얼마나 행복해하셨을까? 더 자주 편지를 쓸 것을….

문뜩, 딸내미가 유치원에 다닐 때 보낸 크리스마스 카드가 떠올랐다. 지금도 그 카드를 가지고 있으며 내용을 정확하게 기억한다.

"아빠, 추운 크리스마스예요. 그러니 목도리도 하세요."

글씨인지 그림인지 헷갈리는 딸내미 크리스마스카드를 받고 얼마나 웃었던지 또 얼마나 행복했던지.

엄마도 나의 연하장과 편지를 받으시고 내가 딸내미에게 받았던 행복만큼 행복했을 것이다.

오늘은 다이소에 들러 편지지와 편지봉투를 사려한다. 엄마가 내 편지를 받으시고 환하게 웃음을 짓게 해야겠다.

"엄마, 오늘은 엄마에게 편지를 쓰려고 합니다. 엄마 하늘나라 가셔도 편지 보낼게요. 편지 받고 천국 그곳에서도 환하게 웃어 주세요."

엄마의 후회

 자서전을 쓰면서 엄마와 인터뷰했다. 사랑하는 나의 엄마는 무엇을 후회할까?

 "엄마, 아버지 좋아요?"

 "그럼, 네 아버지 없었으면 난 벌써 죽었다. 나에게 최고로 소중하지."

 "엄마, 나는?"

 "너도 최고지. 나 아플 때마다 병원 데려 주고, 집에 올 때마다 맛난 것 사 오고, 용돈 주고, 자랑스럽지."

"엄마, 살아오면서 언제 행복했어요?"

"너희들 태어났을 때, 너희들에게 좋은 일 있을 때, 너희들이 다른 사람으로부터 칭찬받을 때."

"엄마, 우리 자식들 얘기 말고, 엄마 인생, 엄마 이야기해 주세요."

"아들아, 먹고살기 위해 죽어라 일만 했는데 내 인생이 어디 있겠니?"

나는 거기서 말문이 막혔다.

결국 엄마의 자서전은 아빠의 자서전이고 우리 오 남매의 자서전이 되었다.

"엄마, 살아오면서 후회하는 것은요?"

"너 외할머니 혼자되시고 외가에서 거의 20년을 혼자 사셨다. 자주 찾아뵙지 못해 외롭게 해 드린 것이 후회된다."

"그래도 좋은 신랑 만나 행복했고, 너희 오 남매 잘 커서 크게 후회는 없다."

엄마 삶은 후회가 없는 삶일까? 후회가 거의 없으니 성공한 삶일까?

평생 오 남매 뒷바라지가 가장 행복했다는 엄마, 먹고 사는 일로 꿈조차 기억나지 않으신다는 엄마

오 남매의 뒷바라지가 가장 힘드셨을 것이다. 그 일을 해내시느라 꿈, 후회 같은 것은 생각할 겨를이 없었을 것이다.

그리고 55살 후회가 많은 나는 그만큼 꿈이 많았고, 그만큼 행복한 것은 아닐까? 후회가 많은 것은 꿈도 많았다는 것이니까 후회가 많은 삶이 꼭 불행한 것일까?

엄마 인터뷰를 하며 나는 또 생각에 빠진다.

5 / 눈부신 이별을 위하여

다시 희망

놀다 보니 엄마 생각났구나

 올여름 초등학교 계모임 친구들과 계곡으로 피서를 갔다. 닭백숙과 감자전, 도토리묵으로 소주를 한잔하다 친구 인표가
 "남형아, 엄마는 좀 어떠셔?"
 "많이 안 좋아, 많이."
 술이 얼큰하게 취한 동철이가
 "시골에 혼자 계신 우리 엄마 목소리 듣고 싶다. 전화해 보자."

"스피커폰으로 해 봐, 우리도 동철이 엄마 목소리 듣고 싶다."

핸드폰 벨이 울리고 동철이 엄마가 전화를 받으셨다.

"엄마, 나야, 엄마 어디야?"

"나야 집이지, 아들은 어디야?"

"나 친구들하고 놀고 있지."

"우리 아들 놀다 보니 엄마 생각났구나. 고마워라! 전화도 주고."

"응, 술 한잔했더니 엄마 생각이 났어."

우리는 동철이와 동철이 엄마와의 통화를 스피커 폰을 통해 모두 들었다. 세상에서 가장 아름다운 대화였고, 통화였다. 그리고 환한 웃음이 번졌다. 세상에서 가장 따뜻한 웃음…. 그리고, 우리는 잠깐 각자 엄마의 추억을 꺼냈다. 가장 따뜻한 언어와 가장 따뜻한 마음으로….

친구들과 헤어지고 엄마 병원으로 향했다. "우리 아들 놀다 보니 엄마 생각이 났구나."라는 그 말이 나의 머릿속에 계속 남아 있었다. 마치 나의 엄마가 이야기하신 것처럼.

엄마도 내 전화에 "우리 둘째 엄마 보고 싶어서 전화했구나."라는 말씀을 자주 하셨다. 병원에 누워 계신 엄마를 보며 이제 다시는 전화 통화를 할 수도 그런 말을 들을 수도 없음을 알기에 이내 마음은 애틋해졌다.

"동철 어머님, 건강하게 오래오래 사세요. 다음에 또 스피커폰으로 전화드릴게요. 그때도 그렇게 말씀해 주세요."

"놀다 보니 엄마 생각이 났구나."

그 얼굴에 햇살을

한평생 내가 가는 길 잘 되길 기도해 주신 분.
한평생 내가 무엇을 해도 나를 응원해 주신 분.
한평생 조건 없이 내 편이 되어 주신 분.
한평생 사랑이란 추억을 남겨주신 분.
아무리 헝클어진 마음으로 찾아뵈어도 길을 찾아 주셨다.
아무리 비겁한 마음으로 찾아뵈어도 용기를 주셨다.
아무리 그 누구를 비난하여도 "용서해라"라는 말을

주셨다.

가난하여도 남의 것을 탐하지 않으셨다.

공부하고픈 자식에게 본인은 굶어서라도 지원금을 대셨다.

솔직하셨다. 그래서 눈물이 많으셨다.

"뿌린 대로 거둔다."를 가장 잘 실천하신 분이셨다.

그리고, 죽음은 끝이 아니라 새로운 시작임을 믿는 분이셨다.

엄마의 그 얼굴에 햇살이 비치기를….

이 세상 모든 엄마의 얼굴에 햇살이 내리쬐길.

병원을 나서며

 엄마, 주일에 예배하면서 늘 엄마를 위해 기도해.
 "주님, 사랑하는 우리 엄마 더는 몸도 마음도 아프지 않고, 건강하게 살게 하시다 데려가 주세요."
 엄마, 내가 교회 찬양대원이야. 지난주 찬송은 '내가 너를 도우리라'였는데 가사 중에 엄마가 생각나는 부분이 있어 더 우렁차게 불렀어.

 "세상일에 실패했어도 너는 절망하지 말라,

내가 너를 도우리라 다시 일어서게 하리라,

질병으로 고통당해도 너는 두렵지 말라,

내가 너를 도우리라 다시 일어서게 하리라."

원주에서 하나님께 기도하고, 1시간 30분을 달려 엄마가 입원해 있는 강릉 병원에 갔는데 엄마는 먼 거리를 달려간 내가 반가운지 환하게 웃으며 "둘째 왔냐? 바쁜데 뭣 하러 오냐?"라며 늘 하던 말 그대로였어. 그럼 나는 "아들이 엄마 보러 오는데 바빠도 와야지."라고 퉁명스럽게 대답했지.

엄마, 아프면 병원에 바로 가자. 골반에 금이 갔으면 병원에 가야지. 침대에서 꼼짝달싹 못 하고 3일을 버티니 좋아? 엄마 때문에 3일 동안 아빠도 아주 힘들었고, 엄마가 버티는 바람에 결국 서울에서 형과 형수, 누나, 동생 다 왔다 갔잖아.

엄마, 혹시 오 남매 보고 싶어 그런 것 아니지?

엄마의 그 고집으로 엄마가 그렇게 존경하는 엄마의 남편이 너무 힘들잖아. 엄마 병간호로 아빠도 요즘 힘들어 보여. 그러니, 자식들 말은 안 들어도 되니 엄마가 좋아하는 아빠 말씀은 듣자.

엄마의 고집을 꺾으려고 아빠가 다 우리를 호출한 거야. 난 너무 멀리 있어 하는 수 없이 늦게 간 거니까 너무 서운해하지 말고,

엄마, 병원비 걱정해? 우리 오 남매 그 정도 돈은 있어.

엄마, 우리 오 남매 불효자식 만들고 싶은 것 아니지?

엄마, 요양병원 가라는 이야기 안 하잖아. 아빠도 엄마 요양병원 가시는 것 반대하셔. 아프시면 병원 치료는 받아야지. 그래야 아빠가 덜 힘들어. 엄마는 아빠 힘든 것 싫어하잖아. 엄마의 남자 아빠를 위해.

월요일은 눈이 많이 와 터벅터벅 걸어 병원에 갔어. 병원 가면서 내 어릴 적 엄마가 눈 오는 날 물동이를 머리에 이고 물을 길어 오시던 생각이 났어. 눈이 오는 날이면 왜 아직도 그 기억이 그리 선명한지 모르겠어. 아마, 애틋함일 거야. 아마, 고마움일 거야.

일요일 병원에서 엄마가 나보고 "둘째야 너도 많이 늙었다."라고 했지. 엄마가 늙는 동안 나도 그만큼 늙

었지. 엄마, 그래도 나는 엄마 덕분에 잘 살았고, 앞으로도 잘 살 거야. 엄마가 살아오신 것처럼 살면 되잖아.

엄마, 엄마가 잘 키운 오 남매 봤지? 엄마 아프다고 득달같이 내려와 엄마 병원 입원시키고, 며칠간 병원에서 엄마 챙기고, 아빠 반찬까지 다 챙겨 놓았어. 우리 집 기둥인 맏며느리 형수님이 가장 고생이 많아. 누나도 매형도 동생도 애썼어. 엄마가 잘 키운 덕분이야.

엄마, 엄마가 늘 그랬지. "우리 오 남매 나쁜 짓 안 하고, 남 마음 아프게 안 하고 잘 커 줘서 늘 고맙다고."

어제 집에서 아빠랑 둘이 점심을 먹었어. 형수와 누나가 해온 반찬으로 이런저런 이야기 나누며 즐겁게 지냈어. 아빠도 나도 집에 엄마가 없으니 허전한 생각이 들어. 엄마가 늘 있던 그 자리에 없어 집이 텅 빈 것 같아.

이제 아빠도 나도 그리고 우리 가족 모두 엄마가 없는 시간을 차분하게 준비하고 있어. 사랑도, 이별도 모두 늘 우리 곁에 있는 거잖아. 엄마와의 이별은 분명 아프겠지만 그래도 우리는 추억이 있잖아. 난 엄마와 추억이 많아 엄마가 내 곁을 떠나도 늘 내 곁에 있을 것 같아.

엄마, 엄마 하늘나라로 가시면 남은 아빠 걱정하시는 것 알고 있어. 우리 오 남매가 아빠 잘 돌볼 거니까 걱정하지 마. 내가 병원 모시고 갈 거고, 식사도 챙겨 드릴 거고, 아빠 적적하지 않게 매일 놀러 갈 거야. 걱정하지 마.

강릉에서 태안 안면도로 올라오는 내내 눈이 왔어. 5시간 동안 운전하면서 노래를 흥얼거렸어. 엄마도 알지 내가 엄마랑 서울 병원 갈 때 불러드린 노래 '모정의 세월', '고향역', '전선야곡', '바람의 노래', '이젠 그랬으면 좋겠네'

엄마랑 같이한 지난 55년은 나에게 대하드라마고 대서사야. 그런 멋진 삶을 만들어 준 엄마에게 늘 감사해.

엄마는 나로 인해, 나는 엄마로 인해 행복했어. 한판의 멋진 인생이야.

엄마, 늘 고마워.

선생님, 남은 생 덤으로 사세요

2016년 가을 죽을 뻔했던 기억을 떠올린다. 천우신조天佑神助였다.

故노무현 대통령 묘소가 있는 봉하마을로 가던 중 창녕군 부곡면의 4차선 오르막 국도에서 승용차가 갑자기 시동이 꺼졌다. 시동이 꺼졌으니, 브레이크도 핸들도 움직이지 않았으며 그 넓은 도로에서 승용차가 내리막길로 후진을 시작했다. 있는 힘을 다해 핸들을 틀었고 차는 중앙분리대를 들이받고 1차로에 비스듬히 섰다.

4차선 도로에 대형 트럭들이 경적을 울리며 위험을 알렸고, 나는 온몸이 식은땀으로 젖었다. 혼자 차량통제를 하며 보험사에 전화했더니 10분만 기다리라고 한다. 때마침 지나던 창녕군 교통 순찰 차량이 사이렌을 켜주며 교통정리를 도와주었고, 보험사 견인 차량이 왔다. 얼마나 혼란스러웠는지 지금도 그 기억이 생생하다. 정말 죽는 줄 알았다.

정비공장으로 가면서 견인차 기사님은 나에게

"뭐 하는 분이세요? 평소에 좋은 일 많이 하셨나 봐요. 변속 케이블이 끊어진 것 같아요. 100m만 더 가 내리막길에서 그랬으면 큰일 날 뻔했습니다. 정말 운이 좋았어요."

차를 창녕군 소재 정비공장에 맡기고 창녕에서 부산으로 다시 부산에서 원주로 돌아오는 버스에서 참으로 많은 생각을 했다. 그날의 일기장에, 죽음에 대해 쓰여 있었다.

"죽음이란 무엇일까? 그 무엇도 아닌 영(0)이 아닐까? 이제 남은 생, 덤으로 살자."

부모님과 아들, 딸에게도 감사의 마음을 기록하였다.

"부모님 감사합니다. 늘 저를 위해 기도해 주셔서 오늘 살았습니다. 생과 사라는 것이 순간이며 이별 인사도 하지 못하고 떠날 수 있다고 생각하니 제 삶이 더 애틋해집니다."

"사랑하는 자은이 유래 부족한 아빠를 늘 응원해 주어서 고마워."

나는 지금도 그날 내가 살 수 있었던 것은 엄마의 기도 덕분이라 생각한다. 밭에서 일하시면서 아주 힘들고 아팠던 나를 위해 늘 기도해 주신 엄마의 그 마음이 하나님께 닿은 것이라 믿고 있다.

"엄마, 엄마가 늘 기도해 준 덕분으로 살았어. 때로는 삶과 죽음에 대해 생각하곤 해. 언젠가 나도 내 삶의 소풍을 다 마치고 하나님 뵈러 갈 때 웃을 수 있으면 좋겠어. 그러려면 남은 생, 많은 것을 더 사랑하며 살아야겠지. 엄마처럼."

나는 다 찍어 주었어

나의 아들, 딸들은 공직선거 투표를 하러 가면 꼭 나에게 묻는다.

"아빠, 누구 찍을 거야?"

투표를 마치고 돌아오면 또 묻는다.

"아빠 누구 찍었어?"

한 번은 아들과 딸 손을 잡고 투표소에 같이 가는데 계속 묻는다.

"아빠 누구 찍을 거야? 나에게만 이야기해 줘, 비밀

지킬게."

그러면서 씩 웃는다.

나도 투표소에 가시는 엄마에게 묻곤 하였다.

"엄마 누구 찍을 거야?"

투표소를 다녀온 엄마에게 똑같이 물었다.

"엄마 누구 찍었어, ○○○ 찍었어?"

엄마가 어느 후보에게 투표했는지 내가 궁금해했던 것처럼 나의 아들, 딸들이 내가 어느 후보에게 기표했는지 궁금했을 것이다.

"엄마, 누구 찍을 거야?"

"나는 다 찍어 줄 거야. 다 훌륭하고, 다 잘하겠다고 하는데 나는 다 찍어 줘야지."

투표를 마치고 돌아온 엄마에게 또 묻는다.

"엄마 누구 찍었어?"

"엄마는 다 찍어 주었어. 저렇게 애쓰는데 다 찍어 줘야지"

엄마랑 티브이를 보다가 내가 이따금 특정 정치인을 욕하면 엄마는

"남형아 그 사람도 애쓰고 있어. 열심히 하다가 못할 수도 있고, 안 될 수도 있다. 너무 욕하지 말고 응원해 주렴."

엄마의 정치철학이 있다. 아니 삶의 철학이다. "비판하기는 쉽다. 비판하기 전에 먼저 응원해 주어라. 그러면 변한다."

정말 멋진 철학이다.

엄마는 행복했을까?

 엄마, 내가 요즘 태안 안면도에 잠깐 와 있어. 오늘도 아침과 저녁으로 태안 안면도 꽃지 해변을 산책했어. 동해안 강릉은 일출이 익숙하지만, 서해안 이곳 안면도는 낙조가 더 익숙해. 오늘 낙조를 보았는데, 해가 뜨는 모습도 멋지지만 해가 지는 모습도 멋져.

 어쩌면 우리 인생도 저렇게 멋지게 지면 좋을 것 같다고 생각을 했어.

 내가 본 엄마의 한평생도 멋진 한판이야. 하늘이 엄

마에게 준 역할을 엄마는 온 힘을 다해 이루어 내셨어. 그것은 내가 인정해.

우리 가족을 위해 너무나도 간절하게 사셨고, 엄마로 인해 그 누구의 마음도 아프지 않도록 조심하고 인내하며 살아왔어.

엄마의 인생을 한 단어로 표현하면 '사랑'이야.

나를 사랑했고, 우리 가족을 사랑했고, 친척과 주변의 지인, 우리나라 국민, 심지어 길에서 마주친 개구리도 사랑했어.

지금까지 살아오면서 엄마의 입에서 그 누구를 향한 비판과 비난을 들어본 적이 없어. 내가 조용필 가수의 '바람의 노래'를 좋아하는 이유는 엄마 때문이야. 그 노래를 부르면 엄마 생각이 나. 그 노랫말에 이런 구절이 있어.

"보다 많은 실패와 고뇌에 시간이 비껴갈 수 없다는 것 우린 깨달았네. 이제 그 해답이 사랑이라면 나는 이 세상 모든 것들을 사랑하겠네."

엄마는 이 세상 모든 것을 사랑하며 살았어. 내가 세

상에서 가장 존경하는 사람이 엄마인 이유야.

나도 엄마의 그 큰 사랑을 배우고 싶었고 닮고 싶었어. 그런데 그것은 아무나 할 수 있는 것이 아니라는 것을 깨닫는 데 그리 오래 걸리지 않았어.

그래도 엄마에게 배운 것이 있어 나도 그 누구의 마음 다치지 않게 하기 위해 죽을힘을 다해 살아왔어. 고마워 엄마.

안면도 드르니항에 가면 크고 멋진 다리가 있어. 오늘 그 다리 위에서 엄마 이름을 불러 봤어. 최문희 엄마!

최근 20~30년 동안 엄마 이름 석 자 '최문희'를 불러준 사람이 있었을까? 없었을 것 같아. '남형이 엄마', '예찬 댁 맏며느리', '에미'… 분명 엄마 이름이 있는데, 엄마는 태어날 때부터 엄마가 아니었는데.

오늘 산책하면서 '엄마는 언제 가장 행복했을까?'라는 생각을 해봤어. 엄마였을 때가 아닐까, 남형이 엄마일 때가 가장 행복하지 않았을까. 내가 55년 동안 엄마의 아들로 살아온 그 시간 모두 행복하지 않았을까.

엄마, 꽃지 해변 옆 소류지 포토존에 이렇게 적혀있었

어. '지금', '우리', '여기'

엄마, 지금까지 애썼어. 엄마, 지금까지 우리 오 남매 키우느라 고생했어. 엄마, 지금까지 우리 오 남매에게 준 그 마음으로 우리 가족 모두 여기까지 잘 왔어.

엄마, 지금 행복하고, 우리 엄마로 행복하고, 엄마랑 여기 있어 행복해.

오늘 산책을 하면서 하나님께 기도했어. "하나님, 엄마 하늘나라 데려가시면 꼭 천국 보내주세요. 내가 하늘 볼 때 엄마도 나를 내려 볼 수 있게 해주세요."

엄마, 엄마에게 이것 하나는 약속할게. 엄마에게 받은 사랑 내 자식들에게 되돌려 줄게.

엄마, 내 엄마가 되어 주어서 고마워, 나도 엄마 아들이어서 자랑스러웠어. 다시 태어나도 엄마의 아들로 태어나고 싶어.

우리 가족 모두는 엄마로 인해 행복했어. 엄마도 나 때문에 행복했을 거야 난 그렇게 믿고 있을게.

엄마 집으로 가고 싶으시죠

"엄마 다른 병원으로 옮기는 거야. 더 좋은 병원으로 가는 거니까 그냥 가시면 돼."

넓적다리관절(고관절) 골절로 2달 입원하셨던 병원에서 퇴원하시는 날 엄마는 별말씀이 없으셨다. 요양원으로 가셔야 하는데 요양원 가시는 것을 완강히 싫어해 할 수 없이 다른 병원으로 옮기는 것으로 거짓말을 했다.

엄마의 노환과 지병으로 거동을 거의 할 수 없어 같

이 계시는 아빠의 노고가 여간 수고스럽지 않았다. 우리 가족들은 언젠가 엄마를 요양원에 모시는 것이 엄마, 아빠 모두에게도 나을 것이라고 이야기 나누곤 하였다. 그러나, 요양원 이야기를 할 때마다 엄마는 아연실색하셨다.

"남형아, 난 요양원 안 간다. 절대로 안 간다. 이 집에서 죽고 싶다."

"엄마, 요양원에 가시면 엄마 건강이 더 좋아질 수 있어요. 아빠의 고생도 좀 덜 할 수 있고, 나도 그렇고요. 엄마 모시고 병원 가는 것도 힘든 것 알죠?"

"그래도 나는 요양원 싫다. 난 이 집에서 죽으련다."

엄마는 퇴원하시며 요양원 가시는 것을 알고 계셨다. 엄마로 인해 아빠가 얼마나 고생을 하시는지 그 누구보다 엄마는 알고 계셨다. 이따금 나에게

"남형아, 나 아픈 5년 동안 아빠가 죽을 고생을 했다. 너도 그렇고. 네 아빠 없었으면 난 벌써 죽었다. 네 아빠에게 참 미안하구나."

그제 요양원에서 엄마를 뵙고 여쭈었다.

"엄마, 집에 가고 싶지 않아?"

"여기 요양원이 편하고 좋다. 그런데 죽기 전에 노암동 집, 상시동리 엄마 고향, 산북리 아빠 고향은 한번 가보고 싶구나. 죽기 전에 꼭 한번."

오늘도 본가에 들러 아빠랑 저녁을 먹었다. 엄마가 늘 누워있던 침대와 의자, 보행기는 그 자리에서 엄마를 기다리며 그대로 있다. 아직도 엄마가 그곳에 누워 있고, 앉아 있는 것 같다.

이 더운 여름이 지나면 엄마를 모시고 한 번은 와야 한다. 엄마 집도, 엄마 고향도, 아빠 고향도…. 엄마 삶이 녹아 있는 곳이고, 엄마가 가장 행복했던 곳이고, 엄마의 추억이 배어 있기 때문이다.

엄마가 이 더운 여름을 이겨낼 수 있기를 기도한다.

기다림을 배웠습니다

"엄마가 섬 그늘에 굴 따러 가면
아기가 혼자 남아 집을 보다가
바다가 불러주는 자장노래에
팔 베고 스르르르 잠이 듭니다."

초등학교 때 엄마가 버스를 2시간 기다리면서 부르신 동요 '섬집아기'다. 조부모님 집에서 농사를 돕고 시내로 나오다 버스를 놓쳐 정류장에서 마지막 버스를 기다리며 엄마가 나에게 불러주신 노래다.

아니, 나에게 불러주신다고 하셨지만, 엄마는 기다림을 노래로 대신하였다. 달과 별이 선명하게 보였던 캄캄해진 승강장에서 엄마의 노래는 밤을 타고 주변으로 퍼졌다.

엄마는 무엇을 기다릴 때 늘 노래를 부르셨다. 밥을 하시면서 뜸을 들이는 시간에, 병원에서 엄마의 차례를 기다리면서, 식당에서 음식이 나오길 기다리면서…. 엄마는 기다림의 절대강자였다. 아마, 평생을 기다리며 사셨던 것 같다.

매년 농사를 지으시며 풍년을 기다리셨고, 할아버지의 병환이 낫기를 기다리셨고, 맏며느리로 8번의 제사와 2번의 명절, 한식과 동지 차례茶禮를 즐거운 마음으로 기다리셨고, 실패와 이별로 아파한 내가 다시 본래의 자리로 돌아오기를 기다리셨다. 그것도 간절하게 기도하시면서….

아프셨던 시아버님을 모시는 동안 단 한 번도 불평하시는 것을 본 적이 없다. 삼시 세끼를 챙기시고, 할아버지가 좋아하시는 것을 늘 머리맡에 갖다 놓으셨다. 엄마는 늘 할아버지가 쾌유하시길 기다리셨다.

퇴직과 도전, 사랑과 이별로 엉망진창이 된 나를 묵묵히 기다리셨다. 엉망인 내 삶을 보여드리고 싶지 않아 추석 명절에 찾아뵙지 못했던 날 보름달을 보고 있던 나에게 전화를 주셨다.

"남형아, 엄마는 늘 너를 기다리고 있단다. 우리 남형이가 그 모든 아픔 이겨내고 다시 나아가길 기도한다. 다음 설 명절에는 꼭 보자꾸나."

그 전화를 끊고 한참이나 울었던 것 같다.

병석에 누워계신 엄마는 늘 나에게 말씀하신다.

"남형아 기다리면 좋은 날이 올 거다. 그리고, 너의 마음을 다쳐서는 안 된다. 또 남을 아프게 해서도 안 된다. 엄마는 너의 착하고 예쁜 성품을 믿는다. 너는 어릴 때부터 지금까지 내가 자랑스러워하는 내 아들이다. 엄마는 늘 너를 믿는다."

엄마에게서 배운 것 중 가장 큰 것이 기다림이다. 내 삶에 원칙이 3가지인데 그 두 번째가 "큰 것을 얻으려면 기다리고 또 기다려야 한다. 죽을 때까지 기다려야 한다."이다. 엄마에게서 배운 것이다.

"엄마, 이따금 그 정류장에서 버스를 기다리며 2시간 동안 노래를 부르셨던 엄마를 기억해. 노래를 부르시며 엄마는 무슨 생각을 하셨을까? 다른 것은 모르겠지만 엄마는 기다림을 노래하셨던 것 같아. 기다림은 힘이 들지만 즐겁기도 하다는 것을."

그날 노래 부르시는 엄마는 행복해 보이셨다.

눈이 부시게

 '내 삶은 때론 불행했고, 때론 행복했습니다. 삶이 한낱 꿈에 불과하다지만 그럼에도 살아서 좋았습니다. 새벽에 쨍한 차가운 공기, 꽃이 피기 전 부는 달큼한 바람, 해 질 무렵 우러나는 노을의 냄새, 어느 하루 눈부시지 않은 날이 없었습니다.'

 '지금 삶이 힘든 당신, 이 세상에 태어난 이상 당신은 모든 걸 매일 누릴 자격이 있습니다. 대단하지 않은 하루가 지나고 또 별거 아닌 하루가 온다 해도 인생은 살 가치가 있습니다. 후회만 가득한 과거와 불안하기만 한 미래 때문에 지금을 망치지 마세요. 오늘을 살아가세요.'

'눈이 부시게. 당신은 그럴 자격이 있습니다. 누군가의 엄마였고, 누이였고, 딸이었고, 그리고 나였을 그대들에게.'

우리 국민 모두의 가슴을 울렸던 드라마 '눈이 부시게'의 마지막 대사이다. 김혜자 배우를 좋아해 드라마 일부만 보았다. 그렇지만 구성과 내용은 알고 있다. 지금도 시상식에서 김혜자 배우가 상을 받으며 마지막 대사를 읽었을 때 눈물 흘린 나를 기억한다. 엄마 때문이었을 것이다. 엄마가 아파 병원 치료를 시작한 때이기도 하다.

엄마의 삶은 눈부셨다. 단 하루라도 고단하지 않았던 날이 없었을 엄마, 그 고단함 속에서도 희망을 잃지 않고, 엄마 자신을 잃지 않고 나와 그 누구에게도 희망을 이야기하신 엄마. 그래서 나는 엄마의 삶은 눈부셨을 것이라 믿고 있다.

평생 엄마를 사랑한 아빠가 곁에 있었고, 엄마가 사랑하고 엄마를 사랑한 오 남매가 있었고, 엄마를 아끼고 존중해 주신 삼촌들, 숙모들, 이모, 이종사촌 그리고 모든 친지분…. 엄마가 평생을 걸쳐 일구고 가꾼 엄마, 아빠의 고향집, 논과 밭.

엄마 손잡고 걸었던 그 길에서 엄마의 환한 웃음, 캄캄한 밤 버스를 기다리며 그 기다림을 동요로 승화시킨 순진함, 나와 동생을 할머니 곁에 두고 떠나는 그 아픔에도 울지 않으셨던 그 차분함, 이별의 아픔으로 집에 오지 않는 나를 위해 늘 대문을 열어 놓으셨던 그 따뜻함…. 엄마의 삶은 눈부셨다.

"내 아들 장하다."

"내 아들로 태어나 주어서 고맙구나."

"용서하고, 용서받아라."

"아이들은 아빠의 거울이다. 아이들 잘 키워라. 너를

믿는다."

엄마의 이 말씀은 나를 눈부시게 만들어 주셨다. 내가 눈부셨다면 그 모든 것은 엄마가 주신 것이다.

이제 엄마와 차분하고 조용하게 이별을 준비한다. 눈부셨던 엄마의 삶이기에 이별도 눈부시게 하고 싶다.

엄마도 딸이었고, 누이었고, 아내였고, 그리고 엄마였다.

엄마와 나는 눈부시게 이별할 자격이 있다.

좋은 이별

내 생에 가장 많이 울었던 적이 있었다. 지역의 문화 사업으로 어르신들의 자서전을 쓸 때였고, 나보다 더 나의 엄마를 사랑했던 한 여인과 이별할 때였고, 엄마 자서전을 쓸 때였다. 그 세 가지 일은 거의 같은 시기였다. 얼마나 울었는지 신경정신과에서 치료까지 받았다.

그중에서 엄마의 자서전을 쓸 때 가장 많이 울었다. 자서전을 쓰기 위해 엄마의 삶을 들여다보았고, 엄마와 이야기도 나누었다. 엄마가 몸소 눕고, 넓적다리관절(고관절) 골절로 병원에 계실 때 엄마 인터뷰를 하였다. 늘 엄마 곁에 있었지만, 엄마의 삶을 들여다본 적이 없었다. 엄마의 기쁨과 아픔이 무엇인지 잘 모르고 살았다.

자서전을 쓰는 지역의 어르신들도 대부분 엄마였다. 엄마만큼의 사연을 가진 분들이었다. 우주보다 큰 사연을 지닌 어르신들이었다. 어르신들의 자서전을 쓰면서, 엄마의 자서전을 쓰면서 하루 종일 운 적도 있다. 울고 있는 내 마음을 진정시키기 위해 온 마음을 다해야 했다. 그간 엄마가 나로 인해 울었던 날들을 생각하니 더 눈물이 흘렀다.

엄마 자서전 집필을 끝내는 날 엄마와 진정으로 이별할 수 있을 것 같았다. 이제 엄마를 보낼 수 있을 것 같았다. 그래서 더 많이 울었던 것 같다.

'좋은 이별'이란 무엇인가?

"우리는 좋은 이별을 해야 한대요."

"이별할 때 충분한 시간을 갖고 슬퍼하고, 진심으로 응원하고, 이별을 회피하지 않고 당당히 마주해야 좋은 이별이에요."

드라마 '나의 해리에게' 나온 대사이다. 연인과 좋은 이별을 이야기한 것으로 내가 좋아하는 말이다.

엄마 자서전을 쓰면서 알았다. 엄마의 삶이 얼마나 위대하고 거룩한지, 단 하루라도 고단하지 않았던 날이 있었을까? 없었을 것이다. 그렇지만 단 한 번도 엄마의 삶과 가족의 일상을 포기하지 않으셨다. 내가 엄마를 존경하는 이유다.

나는 엄마와 좋은 이별을 하고 싶다. 아파하고 위로해 주고, 손잡아 드리고, 웃어드리며, 감사와 사랑을 표현하며 엄마와의 이별을 회피하지 않고 당당히 마주하려 한다.

나보다 더 나의 엄마를 사랑했던 한 여인과도 '좋은 이별'을 하였다. 그 여인과 이별 후 깨달은 것이 있다.

'사랑한다고 꼭 곁에 두어야 하는 것은 아니라는 것.'

누구나 우주보다 큰 사연을 가지고 있다. 나의 엄마도 그렇다. 이제 엄마와 좋은 이별을 준비한다.

이름대로 살아라

나의 딸 이름은 김자은金滋銀이다. 작명소에서 김수빈, 김지원, 김자은 3개의 이름을 보내왔다. 수빈은 '밝고, 맑다.'라는 뜻이고, 지원은 '지혜롭게 산다'는 뜻이고, 자은이는 '풍성하고 풍요롭게 산다'는 뜻이라고 하였다.

가족들은 물론 회사 동료에게도 물어보았다. 대부분이 자은이가 뜻도 좋고 발음하기도 좋다고 한다. 그래서 내 딸 이름은 김자은이가 되었다.

나의 아들 이름은 김유래金洧來다. 강릉 김씨의 돌림

은 래^{来}이기에 작명소에서 김유래, 김두래, 김서래 3개의 이름을 주셨다. 유래는 물 흘러가듯이 산다는 뜻이고, 두래는 강직하고 묵직하게 산다는 뜻이며, 서래는 좋은 일이 많다는 뜻이라고 하였다. 나의 아버지와 상의해 유래로 정했다.

25살의 나의 딸 김자은은 이름처럼 풍요롭게 살고 있는지, 23살 나의 아들 김유래는 상선약수^{上善藥水}의 물처럼 살고 있는지 궁금하다.

이순신 장군은 4형제였으며, 이순신은 위로 이희신^{李羲臣}·이요신^{李堯臣}의 두 형과 아우 이우신^{李禹臣}이 있어 모두 4형제였다. 형제들의 이름은 돌림자인 신^{臣}자 위에 중국 오대 성인 삼황오제^{三皇五帝} 중에서 복희 씨^{伏羲氏}·요^堯·순^舜·우^禹 임금을 시대순으로 따서 붙인 것이다.

이순신 장군은 아버님의 뜻에 따라 백성과 동료를 사랑했고, 그 어려움 이겨내고 결국 나라를 구하신다. 세종대왕은 충녕^{忠寧}대군의 작호를 받았다. 이름대로 나라와 백성을 평온케 하였으며, 역대 가장 뛰어난 왕으로 평가받는다.

이순신 장군과 세종대왕은 이름이 가진 뜻대로 살았다.

약관弱冠의 나이인 나의 딸 자은이와 유래가 지어준 이름의 바람대로 사는지 물어보지 않아 그렇게 살고 있는지 모른다. 또, 아직은 이름을 지어준 그 뜻대로 사는지 판단하기에는 이르다. 그러나, 아버지인 나의 바람은 자은이는 풍성하게, 유래는 물 흘러가듯이 살았으면 좋겠다.

나의 아들, 딸들이 시간이 흘러 내 나이쯤 되어 본인의 이름대로 살고, 그 이름을 지어준 아빠에게 고마워하면 나는 더 이상 바랄 것이 없다.

나의 아빠가 나의 이름으로 남형南炯을 지으셨다. 돌림자로 남녘 남南에 형炯, 밝게 빛나다 자로 이름을 지어주신 것에 감사하다. 어디에서든 나와 다른 사람이 빛나게 하도록 살라는 뜻이고 그렇게 살기 위해 노력했다.

이제 50대 지천명知天命이 되었기에 하늘의 뜻을 이해하고, 나의 이름을 세상에 알리고 이제 나의 이름값을 하는 그런 삶을 살아보고자 한다.

나의 엄마가 나에게 바라는 삶, 그것과도 통한다.

다시 희망

 2025년 찌는 듯한 강릉의 여름, 폭염과 열대야, 초열대야가 연일 계속되는 날, 엄마는 아무것도 드시지 못하고 몸이 점점 쇠약해졌다. 이제 몸에 에너지를 다 쓰신 것이다. 아무것도 드시지 못하고 잠만 주무시는 엄마를 다시 병원으로 모시고 왔다. 검진을 마치고 의사 선생님께서 나를 뵙자고 하셨다.

 "엄마의 상태는 좋지 않습니다. 오늘 밤 갑자기 돌아가실 수도 있습니다. 연명치료에 대해 가족과 상의해 주시면 고맙겠습니다."

의사 선생님을 뵙고 엄마 병실로 갔다. 겨우 눈을 뜨고 계신 엄마는 내 손을 꼭 잡아 주셨다. 나도 엄마 손을 꼭 잡았다. 마음속으로 눈물이 흘렀다. 엄마는 나에게 말씀하시는 것 같았다.

"둘째야 인제 그만 하늘나라로 가고 싶다. 네 아빠도, 오 남매도 할 만큼 다했다. 모두 나로 인해 더 이상 고생하는 것 미안하구나. 이제 너 외할아버지, 외할머니 계신 곳으로 가고 싶다."

잡았던 엄마 손을 놓고 병원을 나섰다. 도로는 햇볕이 너무 강렬해 숨을 쉴 수 없을 지경이었다. 그 도로에 한참이나 서 있었다. 엄마가 이런 땡볕에서 나를 위해 밭을 일구셨다고 생각하니 마음이 멍해졌다. 의사 선생님의 말씀을 전달하기 위해 차를 몰아 아빠를 뵈러 갔다.

아빠에게 가는 내내 생각했다.

"엄마가 나에게 남기신 것은 무엇일까?"

"엄마가 마지막으로 나에게 듣고 싶으신 말은 무엇일까?"

"엄마가 마지막으로 나에게 하고 싶으신 말씀은 무엇일까?"

그것은 '희망'일 것이다.

엄마가 평생토록 나에게 남기신 것은 '희망'이었다. 나에게 하고 싶으신 말도 '희망'이고, 나에게서 듣고 싶어 하시는 말도 '희망'일 것이다.

엄마는 나에게 "그 어떤 절망 속에서도 희망의 끈을 놓지 않는 것"을 엄마의 삶을 통해 나에게 알려주고 싶으셨다.

내가 강의 때 자주 하는 말….

"희망은 사람을 살리기도 하고 죽이기도 합니다."

엄마는 나에게 눈빛으로, 손으로 '희망'을 전하고 싶었을 것이다.

엄마와 이별하여도 엄마는 나에게 '다시 희망'이다.

엄마와 이별을 하여도 내가 엄마를 영원히 놓지 못하는 이유이다.

엄마와 이별은 나에게 '다시 시작'이 될 것이다.

나가며

엄마는 행복하셨던 분이다.

종갓집 맏며느리로, 아내로, 엄마로, 딸로, 누이로….

자신에게 너무 엄격했던 엄마, 자신을 아끼고 사랑하는 것이 사치라고 여겼을 엄마, 내 모든 것을 내어주어야 행복했을 엄마. 그런데도 불구하고 난 엄마가 행복했을 것이라고 믿는다.

아빠의 지극하신 사랑, 자식 오 남매의 봉양, 종갓집 맏며느리로서 받은 시부모님과 내 삼촌들의 배려, 엄마를 사랑했던 많은 사람들….

엄마와 아빠와 함께한 지난 55년, 나는 행복했다. 엄마의 삶을 들여다보며 우리 가족처럼 행복한 가족이 없음을 알았기에 또 나는 얼마나 행복한 사람인가? 내 행복은 엄마가 준 것이다.

이 글을 사랑하는 나의 엄마에게 바친다.

평생 엄마를 옆에서 든든히 지켜 주셨고, 아픈 엄마를 간호해 주신 아빠에게 진심으로 감사드린다. 누구나 말은 하지만 아무나 할 수 있는 일이 아니다.

엄마가 지극히도 사랑한 우리 오 남매, 그리고 매형과 형수, 엄마의 손주들, 삼촌과 숙모를 비롯한 친지, 이모와 이종사촌에게 감사함을 전한다. 특히, 명절과 제사, 부모님 생일 때마다 묵묵히 제사와 차례상을 혼자 준비하신 형수님에게 머리 숙여 감사드린다. 또 엄마를 알고 있고, 엄마가 사랑하신 지인 모든 분에게 엄마를 대신해 고마움을 전한다.

이 글을 쓰게 만들어 준 사람, 엄마 자서전을 쓸 때 너무나도 힘이 되어 준 사람, 아픈 엄마를 위해 늘 기도하고 찾아준 사람. 나보다 나의 엄마를 더 사랑하고 떠난 한 여인에게도 이글을 통해 고맙고 사랑했다는 말 전한다.

퇴직하고 힘들 때 늘 내 곁에 있어 준 신일환경 소민섭 대표님과 직원분들, 도서출판 이음 서연남 대표님

과 직원분들, 원주지속가능발전협의회 제현수 국장님과 직원분들에게 감사드린다.

엄마는 늘 말씀하셨다.

"힘들 때 너에게 마음 내어준 사람 절대로 잊으면 안 된다."

주일마다 나에게 힘을 주시는 충정교회 최규명 담임목사님, 주일 찬양하다 때론 우는 나를 따뜻하게 바라봐 주시는 호산나 찬양대 장로님, 찬양대장님, 지휘자님, 반주자님, 찬양대원님 모두에게 고마움을 전한다. 그리고 이제 찬양곡 부를 때 울지 않기로 약속한다. 지킬 수 있을지 모르지만….

마지막으로 내가 너무 아플 때, 너무 힘들 때 늘 나에게 은혜와 용기를 주시는 하나님께 모든 영광 바친다.

'살며, 사랑하며, 배우며' 내 삶의 모토^{motto}다.

내 남은 생, 사랑하며, 배우며, 감사해하며 살고 싶다. 그 누구에게 희망을 주며 살고 싶다. 그것이 엄마가 나에게 마지막으로 부탁하고 싶으신 것으로 안다. 말은 하지 않았지만, 눈빛으로 나에게 전한 말씀이다.

엄마는 행복하셨다. 나로 인해….

나도 행복했다. 엄마로 인해….

다시 태어난다면 엄마의 아들로 태어나고 싶다. 엄마도 다시 태어나신다면 내 엄마로 태어나고 싶을 것이다. 난 그렇게 믿는다.

이제 엄마와 영원한 이별을 준비한다.

마지막으로 엄마에게 말씀드린다.

"정말 고맙고, 사랑한다고…."

                     사랑하는 둘째 아들 김남형 올림

엄마는 행복했을까

©김남형, 2025

초판 1쇄 2025년 7월 31일

지은이 김남형
펴낸이 서연남
펴낸곳 ㈜도서출판 이음
편집주간 원상호
편집 권경륜
디자인 박충식 정아진 김다슬

출판등록 제419-2017-00013호
주소 26404 강원특별자치도 원주시 흥업면 한라대길 28,
 한라대학교 창업보육센터 203호
전화 033-761-3223
팩스 033-766-8750
전자우편 iumbook@naver.com
인스타그램 @iumbook

ISBN 979-11-988637-9-9

- 이 책의 판권은 지은이와 ㈜도서출판 이음에 있습니다. 이 책 내용의 일부 또는 전부를 재사용하려면 반드시 양측의 서면 동의를 받아야 합니다.
- 값은 뒤표지에 있습니다.
- 잘못된 책은 본사나 구입처에서 바꿔드립니다.